Bled
CP/CE1

Édouard BLED
Directeur honoraire de collège à Paris

Odette BLED
Institutrice honoraire à Paris

Nouvelle édition 2018
assurée par **Daniel Berlion**
Inspecteur d'académie

hachette
ÉDUCATION

Création de la maquette de couverture :
Delphine D'Inguimbert et Valérie Goussot

Création de la maquette intérieure :
Delphine D'Inguimbert et Valérie Goussot

Mise en pages :
Alinéa

Édition :
Adélaïde Lebuy

ISBN : 978-2-01-627159-9
© HACHETTE LIVRE 2018, 58 rue Jean Bleuzen, CS 70007, 92178 Vanves Cedex.

PAPIER À BASE DE
FIBRES CERTIFIÉES

hachette s'engage pour
l'environnement en réduisant
l'empreinte carbone de ses livres.
Celle de cet exemplaire est de :
0,46 kg éq. CO$_2$
Rendez-vous sur
www.hachette-durable.fr

Avant-propos

L'apprentissage de l'orthographe exige des efforts patients, persévérants et ordonnés. Mme et M. Bled adoptèrent cette démarche dans tous leurs ouvrages. Nous avons tenu à conserver cette ligne de conduite qui a assuré le succès de la collection. L'exhaustivité, la clarté de la présentation, la formidable somme d'exercices (plus de 450 pour cet ouvrage) que l'élève doit aborder avec méthode et détermination, clé de ses progrès, nous en avons fait notre miel. Tous les utilisateurs du *Bled* retrouveront ces qualités qui structurent un enseignement difficile pour le maître et un apprentissage rigoureux pour l'élève.

Pourquoi une refonte puisque la permanence de ces valeurs n'échappe à personne ?

Depuis 1946, date de la première édition, les conditions d'enseignement ont changé. L'accent a été mis ici sur les **difficultés figurant dans les programmes 2016**, même si des extensions sont parfois proposées. Sur de nombreux points, certains élèves sont à même de poursuivre leurs apprentissages à partir des bases qui leur sont données. Nous avons donc voulu offrir à l'élève le plus en difficulté un ouvrage qui lui permette de reprendre confiance, et, à l'élève le plus avancé dans ses apprentissages une possibilité de perfectionner son orthographe.

L'examen de milliers d'écrits d'élèves nous a conduit à intégrer plusieurs leçons de grammaire. En effet, plus de 60 % des erreurs relevées sont dues à une méconnaissance des règles d'accords et de conjugaison. L'élève trouvera dans cette partie « Grammaire » toutes les notions indispensables pour écrire correctement. Il sera progressivement conduit à identifier la nature des mots pour pouvoir appliquer, dans la partie « Orthographe grammaticale », les **règles qui président aux différents accords de la phrase**.

Au cycle 2, l'élève aborde la lecture et découvre qu'un même son peut être transcrit par plusieurs graphies, de même qu'une graphie peut représenter des sons différents. Nous consacrons de nombreuses leçons dans la partie « Orthographe d'usage » à l'étude de ces écritures, source de confusions.

L'**étude de la conjugaison** a également une grande importance. Le verbe est en effet le mot essentiel de la phrase. L'élève doit se familiariser avec ses formes multiples, tant pour acquérir une bonne orthographe que pour construire des phrases correctes. Nous proposons l'étude des verbes selon la progression définie dans les derniers programmes.

En fin d'ouvrage, nous présentons certaines des rectifications de l'orthographe proposées par le Conseil supérieur de la langue française. Nous laissons aux professeurs la liberté de se déterminer quant à leur application.

À travers l'apprentissage de l'orthographe, c'est en fait la **maîtrise de la langue** que nous visons. Si l'élève est à l'école de la rigueur et de la correction, il (elle) automatisera peu à peu son orthographe et sera ainsi plus attentif(ve) à tous les problèmes que pose une expression personnelle, puisque c'est bien évidemment l'objectif ultime : **mettre l'orthographe au service de l'expression de l'élève**.

Daniel BERLION

SOMMAIRE

● Grammaire ●

● Orthographe ●

Orthographe grammaticale

Orthographe d'usage

SOMMAIRE

Conjugaison

L'alphabet phonétique

Consonnes		Voyelles	
[b]	ballon	[a]	partir
[d]	dent	[ɑ]	pâte
[f]	foire	[ɑ̃]	dans
[g]	gomme	[e]	dé
[k]	cours	[ɛ]	flèche
[l]	lune	[ɛ̃]	singe
[m]	mer	[ə]	devenir
[n]	nage	[i]	gris
[ɲ]	ligne	[o]	trop
[p]	porte	[ɔ]	note
[ʀ]	rire	[ɔ̃]	long
[s]	soir	[œ]	leur
[ʃ]	chien	[œ̃]	brun
[t]	train	[ø]	deux
[v]	vite	[u]	fou
[z]	zèbre	[y]	pur
[ʒ]	jeune		

Semi-voyelles (ou semi-consonnes)

[j]	paille
[ɥ]	huit
[w]	oui

Grammaire

Les noms

Mon amie Clara adore la crème au chocolat.

Règle

- Le **nom commun** désigne une personne, un animal, une chose en général.
  Il commence par une **lettre minuscule**.
    → un enfant – la sœur – des animaux

- Le **nom propre** désigne une personne, un animal, un lieu en particulier.
  Il commence toujours par une **lettre majuscule**.
    → Aurélien – Laura – Milou – Lille – la Provence

★ **1** **Recopie uniquement les noms communs de cette liste.**

passer	sauter	proche	des clous
un avion	une planète	rire	presque
le jardinier	pourquoi	une table	elles
quand	je	les chaises	tendre
un feu	des fleurs	tondre	porter
la marionnette	lentement	le trou	la porte

★★ **2** **Recopie ce tableau et classe les noms suivants.**

Noms communs	Noms propres

Martine – une étoile – Choupinette – le lait – l'Italie – l'arrivée – Blanche-Neige – une statue – un défaut – une casquette – l'Europe – un immeuble – Mars – la barque – Tintin – Lyon – Mickey – la salade – Astérix – la tête – un train – le bureau – la Loire – Mozart – un stylo – un Airbus – le trottoir

3 Recopie ces phrases et entoure tous les noms.

Une échelle est posée contre le mur de la maison. – C'est bientôt l'heure de la récréation. – Nous avons fait la course autour du stade. – Vous pouvez boire l'eau de la fontaine : elle est propre. – Les racines de l'arbre s'enfoncent dans le sol. – La poule vient de pondre un œuf.

4 Recopie ce tableau et classe les noms suivants.

Noms communs qui désignent un être vivant	Noms communs qui désignent un objet

le singe – un livre – un cheval – un journal – la gazelle – le toit – la vache – un bateau – une maîtresse – une conductrice – un facteur – la clé – une joueuse – un sac – le pain – un docteur – une chaise – une veste – une gomme – un oiseau – le fauteuil – un poisson – une voiture – une trousse – ma cousine

5 Recopie et complète ces phrases avec les noms communs qui conviennent.

téléphone – appartement – barreaux – abricot – allumettes – supermarché

Cet … a trois chambres et un bureau. – Le … est ouvert, même le dimanche. – Il ne faut jamais jouer avec des … . – Nathan a un … portable. – L'… est mon fruit préféré. – Les … de cette échelle sont très solides.

6 Recopie chaque nom commun et écris le nom propre qui lui correspond.

la Seine – Paris – Superman – Cendrillon – la France – Mistigri – l'Afrique – la Méditerranée – Pablo Picasso

un garçon → Lucas

un pays	→ …	un chat	→ …	une ville	→ …
un héros	→ …	un fleuve	→ …	une princesse	→ …
une mer	→ …	un peintre	→ …	un continent	→ …

Révisions : exercices 62 et 63, p. 26

2ᵉ Les déterminants
Leçon

Le joueur a des rayures sur son maillot.

Règle

- Le nom est très souvent précédé d'un **déterminant**.

Les déterminants **singuliers** :	Les déterminants **pluriels** :
→ le chant – la classe – l'école	→ les couloirs
un banc – une chaise	des marches
du lait – au parc	aux élèves

- Les déterminants sont toujours placés **devant les noms**.
  → mon anorak – ta place – notre appartement
  ce matin – cet animal – cette route – ces vitres

★ **7** **Recopie cette liste. Entoure les noms et souligne les déterminants.**

un lion	la lecture	des lavabos	une porte
une croix	l'année	la famille	des poupées
du sucre	un escalier	au stade	un café
des cartes	les légumes	une barbe	des oranges
le moulin	la plante	les étages	l'abri
l'étude	un chemin	un devoir	des tasses

★ **8** **Recopie et place le déterminant la ou le devant chaque nom.**

... fleuve	... jument	... cahier	... neige
... bracelet	... campeur	... voiture	... promenade
... voix	... tente	... parking	... tonnerre
... barrière	... trésor	... bouquet	... princesse
... clown	... grotte	... dessin	... grenouille
... short	... feuille	... télévision	... poussette

9 Recopie et place le déterminant la, le ou l' devant chaque nom.

... orange ... rose ... monde ... usine
... peinture ... froid ... rivière ... bord
... route ... peur ... ville ... fourchette
... vent ... valise ... entrée ... couvercle

10 Recopie et place le déterminant un ou des devant chaque nom.

... voyages ... ciseaux ... mouchoir ... groupes
... exercice ... joueur ... épaules ... bassin
... diable ... euros ... jours ... plats
... ballons ... copain ... pantalon ... robinet

11 Recopie et place le déterminant une ou des devant chaque nom.

... tartines ... figure ... couleurs ... lunettes
... dictée ... planches ... chemise ... cabine
... semaine ... muraille ... récolte ... date
... visite ... plumes ... fées ... opérations

12 Recopie et place le déterminant ce, cette ou ces devant chaque nom.

... lapin ... plats ... couloir ... chanson
... nuages ... cadeaux ... animaux ... magasin
... cinéma ... voyage ... gomme ... plancher
... vache ... réveil ... raisins ... photos

13 Recopie ces phrases et entoure les déterminants.

Loana étale doucement la pâte à modeler avec un rouleau.
Ce passant traverse l'avenue sur les passages protégés.
Les spectateurs agitent des drapeaux et soufflent dans des trompettes.
Mon bonnet et mes gants mouillés sèchent près du radiateur.

Révisions : exercices 64 et 65, p. 26

Les adjectifs

● Ma grande sœur roule avec un vélo neuf.

Règle

- L'**adjectif** apporte une précision à un nom.
  → un blouson neuf – un blouson déchiré

- Il peut être placé **avant** ou **après** le nom.
  → une agréable matinée – une matinée brumeuse

- L'adjectif est du **même genre** et du **même nombre que le nom**.
  - masculin singulier → un bon dessert
  - féminin singulier → une bonne tarte
  - masculin pluriel → de bons desserts
  - féminin pluriel → de bonnes tartes

★ **14** **Recopie ces groupes de mots et entoure les adjectifs.**

les chiens noirs	un ciel bleu	un livre épais
des grandes maisons	une belle journée	la nouvelle maîtresse
la tache rouge	des histoires tristes	un train rapide
ce vilain canard	des filles blondes	des yaourts sucrés
un gâteau délicieux	une haute tour	des musiques douces
un château hanté	un bouquet fleuri	des boucles blondes

★ **15** **Recopie ces groupes de mots et supprime les adjectifs.**

une côte rocheuse	des lèvres rouges	un simple numéro
une grave blessure	des plantes rares	une épaisse moquette
un pantalon moulant	une jupe rayée	un prix élevé
un parking complet	une table basse	un gros morceau
une mer bleue	un petit rosier	une magnifique maison
un gentil voisin	une douce brise	des robots animés

16 Recopie ces groupes de mots et complète avec l'adjectif qui convient.

(scolaire – secrète – sauvage)   une bête …
(portable – musclée – gratuite)   une place …
(aveugles – amers – blonds)   des cheveux …
(bronzé – adroit – orageux)   un visage …

17 Recopie ces groupes de mots et complète avec les adjectifs qui conviennent.

froid – rusé – exact – drôle

une histoire …   un résultat …   un vent …   un renard …

malicieux – rond – lourde – étroite

une rue …   un regard …   une valise …   un ballon …

18 Recopie ces phrases et complète avec les adjectifs qui conviennent.

petits – blanche – facile – râpé – bleu

La mariée porte une robe … . – Le Petit Poucet a semé des … cailloux pour retrouver son chemin. – Il n'y a pas de nuage dans le ciel … . – La maîtresse a posé une question … à la classe. – Enzo met du gruyère … sur les pâtes.

19 Recopie ces phrases et complète avec les adjectifs qui conviennent.

terrifiant – glissant – fanées – grande – violents – fragile – droite

Le directeur de l'école interdit les jeux … dans la cour. – Un monstre … apparaît sur l'écran. – Tu jettes les fleurs … . – Prenez soin de cet objet … . – Pour dessiner, je prends une … feuille. – Karim écrit de la main … . – Marche doucement sur le trottoir … .

20 Recopie et remplace l'adjectif en gras par son contraire.

un élève **absent** → un élève **présent**

un plat **chaud**   du linge **mouillé**   un joueur **maladroit**
des verres **pleins**   une fenêtre **fermée**   un problème **difficile**
le **premier** jour   des mots **inconnus**   un **petit** détour

Révisions : exercices 66 et 67, p. 26

Le groupe nominal

• Lucas visite un nouveau **parc** d'attractions.

Règle

• Autour d'un **nom principal**, on peut trouver d'autres mots :
  – un **déterminant** :
    → une rue – des cahiers
  – un ou des **adjectifs** :
    → une petite rue étroite – de grands cahiers noirs
  – parfois, d'autres mots qui apportent une **précision** :
    → une petite rue du quartier – un grand cahier de dessin

• Cet ensemble de mots forme le **groupe nominal**.

• Dans un groupe nominal, on ne peut pas supprimer le nom principal et son déterminant. Mais on peut supprimer les autres mots.
  → Lucas visite un parc.

★ **21** **Recopie ces groupes nominaux et entoure le nom principal.**

un film comique	un message secret	un conseil amical
une longue attente	un geste brusque	des haricots verts
un appartement vide	une lumière brillante	de l'eau froide
des biches peureuses	une rivière profonde	le chauffage central

★ **22** **Recopie ces mots dans l'ordre pour former des groupes nominaux.**

appartement bel un	une électrique **guitare**
des fanées **fleurs**	**place** une libre
histoire amusante une	courageux un **pompier**
ligne une droite	plate une **assiette**
sombre une **pièce**	**princesse** jolie une

23 Recopie ces groupes nominaux et entoure le nom principal.

la chienne fidèle   la lune ronde   mon vieil ordinateur

un son mélodieux   des joueurs motivés   un enfant peureux

une fillette timide   des valises pleines   des crayons bleus

24 Recopie ces groupes nominaux et supprime les adjectifs.

l'heure exacte   le jardin public   une triste fin

du poisson pané   un repas familial   le gentil lutin

un véritable trésor   un résultat juste   des enfants timides

des fruits mûrs   un ciel nuageux   des animaux sauvages

25 Recopie ces mots dans l'ordre pour former des groupes nominaux.

une au **tarte** sucre   un au **pain** chocolat   au **glace** une café

théâtre une de **pièce**   fées de un **conte**   en **fauteuils** cuir des

arrivée train l' du   chat les du **griffes**   un de peinture **pot**

fête l' de la école   de une ciseaux **paire**   lecture un de **livre**

26 Recopie ces phrases et entoure les groupes nominaux.

J'entends la sonnerie du téléphone. – Les phares éblouissants aveuglent les piétons. – Farid lit une bande dessinée. – Le marin aperçoit une petite île. – Le public admire les rapides chevaux de course. – Tu plies le linge propre. – Léa enfile un collant rose.

27 Transforme ces phrases en ne gardant dans les groupes nominaux que le nom principal et son déterminant.

Les petits oiseaux sont dans un nid douillet.

→ Les oiseaux sont dans un nid.

Le terrible dragon se cache dans une grotte mystérieuse. – Le beau cavalier caresse son fougueux cheval. – Les clients pressés achètent des produits frais. – Les meilleurs acrobates font des sauts fantastiques. – Les gentils dauphins amusent les jeunes enfants. – Un joueur chanceux a gagné le gros lot.

Révisions : exercices 68 et 69, p. 27

Les pronoms sujets

Nous écoutons la chanteuse ; elle a une belle voix.

Règle

- Les **pronoms sujets** remplacent des noms ou des groupes nominaux. Ils sont placés près des verbes.

je parle	→ 1re personne du singulier
tu parles	→ 2e personne du singulier
il/elle parle	→ 3e personne du singulier
nous parlons	→ 1re personne du pluriel
vous parlez	→ 2e personne du pluriel
ils/elles parlent	→ 3e personne du pluriel

- Lorsque le verbe commence par une voyelle, le pronom **je** prend une apostrophe.
  → **J'arrive en avance.**

★ **28** **Recopie ces phrases et entoure les pronoms sujets.**

Je découpe des images.

Nous jouons au *Mémory*.

Ils portent des lunettes.

Elle distribue les cahiers.

Tu remplis les verres.

Aimes-tu le fromage ?

Avez-vous bien dormi ?

Boit-il du soda ?

Saurons-nous répondre ?

Irai-je à la piscine ?

★★ **29** **Recopie et complète ces phrases avec des pronoms sujets qui conviennent.**

… appelez les enfants pour le dîner. − … méritent une récompense. − … regardes tes messages. − … neige depuis ce matin. − … plongent leur cuillère dans le café. − … réparons le robinet cassé. − … observe les étoiles depuis mon lit. − … glissez sur le sol mouillé. − … vas au cinéma avec tes grands-parents.

30 Recopie ces phrases et complète avec des pronoms sujets qui conviennent.

… fais ton lit tous les matins. — … peigne ses cheveux. — … prenez votre parapluie. — … sortent leurs livres. — … récitons nos leçons. — … recopie mon exercice. — … chantons un refrain. — … pars chez ton cousin. — … obéis à mes parents. — … formez une ronde.

31 Recopie ces phrases et remplace les pronoms sujets en gras par ces groupes nominaux.

La vache – Les promeneurs – Les garçons – Le car – Les voyageurs

Elle broute de l'herbe dans le pré. — **Ils** jouent au ballon dans la cour. — **Il** est en retard. — **Ils** n'arriveront pas à l'heure. — **Ils** voient un lapin derrière le buisson.

32 Recopie ces phrases et remplace les groupes nominaux en gras par les pronoms sujets qui conviennent.

Le chien aboie toute la journée. — **Les baleines** ne sont pas des poissons. — **Le pâtissier** prépare des gâteaux. — **Les acteurs** portent des perruques. — **Le mécanicien** répare le moteur.

33 Recopie ces phrases, entoure chaque pronom sujet et souligne le groupe nominal qu'il remplace.

Patrice prend son cartable et il part à l'école.

Le chat a faim ; alors il mange des croquettes. — Les fleurs sont fanées ; elles devront être coupées. — Les avions décollent et ils font beaucoup de bruit. — La pile ne fonctionne plus ; elle sera remplacée. — Noémie allume son ordinateur et elle déplace la souris.

34 Recopie ces phrases et remplace les groupes nominaux en gras par les pronoms sujets qui conviennent.

L'oiseau est sur la branche. **L'oiseau** chante. → Il chante.

L'émission commence. **L'émission** durera trente minutes. — Loris est sérieux. **Loris** fait ses devoirs avant de jouer. — Les baguettes de pain sortent du four. **Les baguettes de pain** sont chaudes.

Révisions : exercice 70, p. 27

6e Reconnaître le verbe

Leçon

Le vent souffle très fort. Les bateaux rentrent au port.

Règle

- Le **verbe** indique ce que fait une personne, un animal, une chose. C'est **le mot le plus important** de la phrase.
  - → Damien épluche les pommes de terre.
  - → Damien adore les gâteaux.

- Le verbe change selon le **moment de l'action** (passé, présent, futur) et selon la **personne** qui fait l'action : on dit qu'il est **conjugué**.
  - → Nous épluchions les pommes de terre.
  - → Ils adorent les gâteaux.

- Lorsqu'il n'est pas conjugué, le verbe est à l'**infinitif**. Dans un dictionnaire, les verbes sont écrits à l'infinitif.
  - → marcher – choisir – répondre – venir

★ **35** **Recopie ces phrases et entoure les verbes.**

Les feuilles tombent de l'arbre. — Amir dort avec sa peluche dans les bras. — Nous irons à l'aéroport. — L'agriculteur conduit son tracteur. — Sarah chante sa chanson préférée. — Tu recopieras ton texte dans ton cahier. — Ma sœur jardinait tous les samedis. — Les jumeaux découvrent leurs cadeaux en même temps.

★ **36** **Recopie uniquement les verbes de cette liste.**

le marin	bientôt	sauter	solide
autour	conduire	avec	réussir
devenir	la peur	fondre	triste
flotter	quitter	le départ	quelque
danser	la danse	l'arbre	presque

37 **Recopie ces phrases et complète avec les verbes qui conviennent.**

arrivera – partons – mangez – décore – croient – préfères

Sophie … sa chambre avec des photos de ses vacances. — Tu … les glaces à la fraise. — Ces enfants ne … plus au Père Noël. — L'autobus n'… que dans quelques minutes. — Vous … des pêches. — Nous … à la rencontre de nos copains.

38 **Recopie ces phrases et entoure uniquement les verbes conjugués.**

Les joueurs portent une nouvelle tenue bleue. — Stella enfile des perles pour faire un collier. — Tu dois suivre les indications de la monitrice. — Léo laisse cuire le rôti pendant deux heures. — Je veux piloter une moto.

39 **Recopie ces phrases et entoure uniquement les verbes à l'infinitif.**

Je n'ai pas le droit de toucher la casserole brûlante. — Emma doit choisir une nouvelle paire de chaussures. — Ne restez pas ici : il n'y a rien à voir. — Les panneaux conseillent aux automobilistes de ralentir. — Pour apprendre ta leçon, tu fermes la porte.

40 **Réponds à ces questions avec les verbes suivants.**

ronronne – broutent – roule – soignent – éclairent

Que font les projecteurs ? Ils … la scène. — Que font les médecins ? Ils … les malades. — Que fait la voiture de course ? Elle … à toute vitesse. — Que font les vaches ? Elles … dans le pré. — Que fait le chat ? Il … près du feu.

41 **Recopie ces phrases et écris l'infinitif des verbes en gras.**

Le maître **donne** des conseils. → donner

Vous **parlez** à voix basse. — Axel **arrive** en avance. — Tu **brosses** tes cheveux. — Je **pioche** une carte dans le paquet. — Dorothée **retrouve** ses clés. — Tu **fais** de ton mieux. — Les enfants **regardent** les images.

Révisions : exercice 71, p. 27

Reconnaître le sujet du verbe

Les gardiens du zoo nourrissent les animaux.

Règle

- Le sujet du verbe indique **qui fait l'action**.
- Le **sujet du verbe** peut être :
  - un **groupe nominal** → La partie commence.
  - un **nom propre** → Malik joue de la guitare.
  - un **pronom** → Nous regardons une émission.
- Pour trouver le sujet du verbe, on pose la question « **Qui est-ce qui... ?** » ou « **Qu'est-ce qui... ?** » devant le verbe.
  → Qui est-ce qui joue de la guitare ? → C'est Malik.
  → Qu'est-ce qui commence ? → C'est la partie.

★ **42** **Recopie ces phrases et entoure les sujets des verbes en gras. Pose-toi la question « Qui est-ce qui... ? », comme dans l'exemple.**

La maîtresse **raconte** une histoire.
Qui est-ce qui raconte une histoire ? → La maîtresse.

Les élèves **envoient** des photographies de leur école. — Tu **bois** un verre de sirop de grenadine. — Les manèges **attirent** les enfants. — Je **savoure** une barbe à papa. — Le facteur **distribue** le courrier. — Les magasins **resteront** ouverts toute la journée.

★ **43** **Recopie ces phrases, souligne les verbes et entoure les sujets.**

Fatou regarde sa montre. — Le lion attrape la gazelle. — Nous regardons les oiseaux. — La vendeuse conseille les clients. — L'infirmier soigne le blessé. — Yasmina donne la bonne réponse. — Je verse un peu de sucre sur mes fraises. — Tu copies proprement la leçon.

44 Recopie ces phrases et complète avec les sujets qui conviennent.

Le poisson – La grue – Le bébé – Nous – Sylvain et Déborah

… transporte des blocs de béton. — … mord à l'hameçon. — … ouvrent leurs cadeaux. — … dort dans les bras de son papa. — … remplissons le seau avec du sable.

45 Recopie ces phrases et complète avec les sujets qui conviennent.

les oiseaux – les motos – j' – vous – tu – le gardien

Pour aller à l'école, … prenez un autobus. — Tous les soirs, … ferme la porte de l'immeuble. — Le matin, … ranges ta chambre avant de partir. — L'hiver, … souffrent du froid. — Au feu vert, … démarrent plus vite que les voitures. — Au musée, …ai vu une belle statue.

46 Transforme ces phrases comme dans l'exemple.

Margaux déguste un éclair au chocolat.
→ **C'est** Margaux **qui** déguste un éclair au chocolat.

Sandrine donne la main à sa petite sœur. — L'acrobate est en équilibre sur son fil. — Le sanglier ravage le champ de maïs. — Quelqu'un sonne à la porte. — Le mécanicien répare la voiture.

47 Recopie ces phrases, entoure les sujets et souligne les noms principaux.

Nos cousins de Nîmes nous donnent des nouvelles. — Le chauffeur du camion roule sur la voie de droite. — Le bouquet de fleurs parfume l'appartement. — Les grimaces du clown font rire les enfants.

48 Recopie ces phrases et complète avec des sujets de ton choix.

En automne, … tombent sur le sol. — … écoute le cœur du malade. — … ai cassé la manette de mon jeu vidéo. — … galope le long de la rivière. — … casse les noisettes avec ses dents pointues. — … enfilez des bottes pour marcher dans l'eau.

Révisions : exercices 72 et 73, p. 28

La phrase – La ponctuation – Les majuscules

La fête foraine s'installe sur la place.

Règle

- Une phrase est un ensemble de mots qui a un **sens**. Elle commence par une **lettre majuscule** et se termine par un **point**.
  → La voiture tourne à droite. Le film débutera à dix heures.
- En général, il y a au moins un **verbe** dans chaque phrase.
- Quand on lit une phrase à haute voix, le découpage des mots n'est pas toujours le même qu'à l'écrit, car on fait des **liaisons** et on rencontre des **apostrophes**.
  → Les‿enfants boivent du jus d'orange.

★ **49** **Recopie en ajoutant les points et les majuscules pour faire des phrases.**

nous fermons les fenêtres du salon — les lacets de tes baskets sont défaits — toute la classe va à la piscine — cet appareil fonctionne avec une pile miniature — les hommes préhistoriques vivaient dans des grottes — le mécanicien change les pneus de la voiture — vous ouvrez vos livres à la première page — les camions stationnent sur le parking de l'autoroute

★ **50** **Recopie ces phrases sans le mot en trop.**

Karine range sort ses vêtements dans son armoire. — Elles portent de belles robes années pour le spectacle. — Le chien des voisins aboie le sur matin. — L'escargot sort ses cornes comment quand il pleut. — Je coupe le chauffage avant de tu sortir. — Julien crie quand la bouteille guêpe le pique. — La poule pond des mon œufs. — Les footballeurs arrêtent l'entraînement plus tard tôt.

51 **Recopie et sépare les mots pour faire des phrases.**

MadameDavidachètedesfromagesdechèvre.
Lemoniteurdejudonousdonnedesconseils.
Élisepassedebonnesvacancesauborddelamer.
Tunourristonhamsteravecdelasalade.
Évabavardeunpeuavecsavoisine.

52 **Recopie uniquement les groupes de mots qui forment une phrase.**

Cette valise soufflez vos bougies. – Pablo sort brusquement. – Retard nous en sommes. – Les voyageurs attendent quai. – Le coffre est fermé à clé. – Je finis mes devoirs avant de jouer. – Moulin dorment.

53 **Remets ces mots dans l'ordre pour former des phrases.**

piano. – frère – du – Mon – joue
Le – bateau – port. – rentre – au
est – Ce – très – gouffre – profond.
animé. – Emma – un – regarde – dessin
bleus. – Les – joueurs – maillots – des – ont

54 **Recopie ces phrases et complète avec les verbes qui conviennent.**

écoute – écrit – montent – regardes – allume – reculons

Tu … les chamois avec des jumelles. – La maîtresse … au tableau. – Nous … de trois pas. – Marlène … de la musique. – Les voyageurs … dans le train. – J'… ma console de jeux.

55 **Recopie ces phrases et place correctement les apostrophes.**

Je nai pas entendu la sonnerie du téléphone. – Larbre du jardin fait de lombre. – Julia a poussé un cri quand linfirmière lui a fait une piqûre. – Louis sendort avec son ours en peluche dans les bras. – Claire va à laéroport pour prendre lavion. – Lœuf de lautruche est énorme. – Lagriculteur sinstalle au volant de son tracteur.

Révisions : exercice 74, p. 28

La phrase déclarative
La phrase interrogative

Samir écrit son prénom dans la marge.
Où écrit-il son prénom ?

Règle

- La **phrase déclarative** est la plus courante.
  Elle se termine par un **point**.
  → Samir écrit son prénom dans la marge.

- La **phrase interrogative** permet de poser une question.
  Elle se termine par un **point d'interrogation**.
  → Écris-tu ton prénom ? – Est-ce que Samir écrit son prénom ?
  → Samir écrit-il son prénom ? – Où Samir écrit-il son prénom ?

★ **56** **Recopie ces phrases et place le point d'interrogation.**

Le pain est-il frais – Est-ce que vous aimez les bonbons – As-tu trouvé le résultat de cette opération – La visite du musée était-elle intéressante – Vos cheveux sont-ils frisés – Avez-vous déjà vu un aigle

---

★ **57** **Recopie uniquement les phrases interrogatives.**

Le cycliste a fait une chute dans le dernier virage. – Y a-t-il de la neige sur la montagne ? – Les tuiles du toit sont-elles bien fixées ? – Le violon est un instrument de musique à cordes. – Mon panier est percé. – Le coq a-t-il chanté ce matin ? – Cette eau est-elle fraîche ? – As-tu appris ta poésie par cœur ?

★★★ **58** **Transforme ces phrases déclaratives en phrases interrogatives, comme dans l'exemple.**

Le lion vit dans la savane. → Le lion vit-il dans la savane ?

Le vent souffle fort. – Le chat poursuit la souris. – Adrien a mal à la gorge. – Le bateau de pêche rentre au port. – La séance de cinéma débute. – Le facteur apporte le courrier.

10ᵉ La phrase affirmative
La phrase négative

Paméla a de la fièvre. Elle n'ira pas à la piscine.

Règle

- La **phrase négative** s'oppose à la **phrase affirmative**.
  → Elle va à la piscine. Elle ne va pas à la piscine.
- La **négation** est composée de **deux mots** qui encadrent le verbe.
  → Elle ne va jamais à la piscine. – Elle ne va plus à la piscine.

★ **59** **Recopie uniquement les phrases affirmatives.**

Olivia met la table. – Cette salle n'est pas assez grande. – Sonia adore les gâteaux de riz. – Ces pêches ne sont pas mûres. – Les pneus de ton vélo sont dégonflés. – Les moineaux se blottissent dans leur nid. – Tu poses ton sac dans le couloir. – Je ne regarde jamais la télévision. – La confiture attire les guêpes. – Tu recules ton pion de trois cases.

★★ **60** **Transforme ces phrases négatives en phrases affirmatives.**

Il ne dépose pas ses achats devant la caissière. – Les dragons n'ont jamais existé. – La soupe n'est pas chaude. – Le comédien ne parle pas assez fort. – Le soleil n'est pas couché. – Ce parfum ne sent pas bon. – La récréation n'est pas trop courte. – La vipère n'est pas dangereuse.

★★★ **61** **Transforme ces phrases affirmatives en phrases négatives avec ne ... pas.**

L'escargot avance très vite. → L'escargot n'avance pas très vite.

L'électricité est coupée. – Les voitures stationnent sur le trottoir. – La pendule est à l'heure. – Tu marches dans la boue. – Mathieu tire les rideaux. – Les exercices sont difficiles. – Vous montez dans l'ascenseur. – Nous gagnons la partie.

Révisions : exercices 74, 75 et 76, p. 28

62 **Recopie ces phrases et entoure les noms.**

Un trésor est caché dans la grotte. — Audrey colle une image sur son cahier. — Il y a beaucoup de voitures sur le parking. — Juliette regarde un dessin animé à la télévision. — J'aime bien chanter à la chorale. — Ce château a des murailles très épaisses.

Voir leçon 1

63 **Complète chaque phrase avec le nom commun qui convient.**

abeilles – récréation – page – pied – règle – étoiles – maillot

Tu écris ton nom sur la première … de ton cahier. — Cédric donne un coup de … dans le ballon. — Chaque joueur a un numéro sur son … . — Elle joue à l'élastique pendant la … . — Je trace des traits avec une … . — Nous avons du miel grâce aux … . — Les … brillent dans la nuit.

Voir leçon 1

64 **Recopie et complète avec le déterminant un, une ou des devant chaque nom.**

… remarques	… barque	… fourmis	… lampes
… durée	… caverne	… limites	… sport
… moutons	… coin	… panier	… directeur
… roi	… orage	… emploi	… anneaux

Voir leçon 2

65 **Recopie ces phrases et complète avec des déterminants de ton choix.**

Tu prends … couteau pour couper … tranche de jambon. — Nadia n'est pas contente, car … chat a déchiré … rideaux. — Je ne touche pas … fils électriques posés sur … sol. — Alexandre range … linge dans … armoire.

Voir leçon 2

66 **Recopie ces groupes de mots et entoure les adjectifs.**

un jardin public
des animaux féroces
des récoltes abondantes
une idée intéressante

une école maternelle
des rues encombrées
un tableau original
un temps ensoleillé

Voir leçon 3

67 **Recopie ces phrases et complète avec les adjectifs qui conviennent.**

costumé – petit – appétissant – chocolaté – célèbre – amusante – prochain

La cuisinière a préparé un plat … . – Je bois un verre de lait … . – Notre école porte le nom d'un homme … . – La maîtresse nous a raconté une histoire … . – Pour le carnaval, nous irons tous au bal … . – Mon … frère aura cinq ans le mois … .   **Voir leçon 3**

68 **Recopie ces groupes nominaux en ne gardant que les noms principaux.**

un grand verre de limonade
les longues oreilles du lièvre
une épaisse couche de neige

une nouvelle console de jeux
les dents pointues de la fourchette
les grands panneaux d'affichage

Voir leçon 4

69 **Recopie ces phrases et entoure les groupes nominaux.**

Un solide cadenas ferme le portail du hangar. – Les élèves vérifient les résultats des opérations. – Un froid vif pique le visage des skieurs. – Les personnes aveugles ont une canne blanche. – Les enfants gourmands mangent un délicieux dessert.

Voir leçon 4

70 **Recopie ces phrases et complète avec un pronom sujet qui convient.**

… donnes des feuilles de salade à ton hamster. – … cherchons la solution du problème. – … admirez les papillons. – … répète après toi. – … avale son médicament. – … rangez les assiettes. – … manges ton pain au chocolat. – … compare ma taille avec celle de Marion.

Voir leçon 5

71 **Recopie ces phrases et remplace les pronoms sujets par les groupes nominaux qui conviennent.**

Les bateaux – Émilie – Les autruches – Les gendarmes – La vendeuse

Ils contrôlent la vitesse des voitures. – **Elles** pondent des œufs énormes. – **Elle** conseille les clients. – **Elle** choisit une robe à carreaux. – **Ils** arrivent au port.

Voir leçon 6

72 **Recopie ces phrases. Entoure les verbes conjugués en bleu et les verbes à l'infinitif en vert.**

Papa passe l'aspirateur. — Hugo tombe sur le gravier. — Je souligne le titre de la leçon. — Nous choisissons un dessert. — Tu viendras au tableau pour écrire les réponses. **Voir leçon 7**

73 **Recopie ces phrases et complète avec les sujets suivants.**

Tu – Nous – L'éléphant – Vous – Le perroquet

… entendez le bruit de la mer dans ce coquillage. — … répète toujours la même chose. — … utilise sa trompe pour boire. — … as un caillou dans ta chaussure. — … soufflons les bougies de notre gâteau d'anniversaire. **Voir leçon 7**

74 **Ne recopie que les groupes de mots qui forment une phrase correcte.**

Tu traverses la rue sur le passage piéton. — Maman branche avion sur qui plante. — Chemin bientôt je par pattes du mer. — Le cheval saute les haies. — Veste casse sur tu manteau mange. — Des nuages noirs annoncent la pluie. — L'oiseau plus tire vent marcher flèche. **Voir leçon 8**

75 **Transforme ces phrases en phrases interrogatives.**

Tu ranges tes crayons dans ta trousse. — Tu reprendras des frites. — Nous étalons de la confiture sur le pain. — Les voyageurs partiront bientôt. — Nous irons sur le terrain de sport en courant. **Voir leçon 9**

76 **Transforme ces phrases négatives en phrases affirmatives.**

Tu ne plies pas les feuilles de papier en quatre. — Les clowns ne font pas rire le public. — Les élèves ne rangent pas leur cahier. — Je n'accroche pas le linge au soleil. — Les cloches ne retentissent pas au loin. **Voir leçon 10**

77 **Transforme ces phrases affirmatives en phrases négatives avec ne … pas.**

Je me balance sur ma chaise. — Tu connais cette chanson. — Les tartes sont sucrées. — La flèche atteint le centre de la cible. — La coiffeuse utilise une tondeuse électrique. — Ce chauffeur conduit à toute allure. **Voir leçon 10**

Orthographe

Le masculin et le féminin des noms

L'entraîneur donne des conseils aux débutants et aux débutantes.

Règle

- Les noms devant lesquels on peut mettre **la** ou **une** sont **féminins** ; les noms devant lesquels on peut mettre **le** ou **un** sont **masculins** : c'est le **genre** des noms.

- Le **féminin des noms** d'êtres vivants se forme souvent en ajoutant un **e** au nom masculin.
  - → un cousin → une cousine
  - un blond → une blonde

- Si le **nom masculin** se termine déjà par un **e**, on place seulement un **article féminin** devant lui.
  - → un élève → une élève
  - un camarade → une camarade

- La **terminaison** du nom masculin est **quelquefois modifiée** pour former le nom féminin.
  - → un directeur → une direct**rice**
  - → le chat → la chat**te**
  - un ouvrier → une ouvri**ère**
  - un nageur → une nage**use**

★ **78** **Recopie ces phrases et complète avec** le **ou** la**.**

… magasin de jouets est ouvert. — … camion roule sur … boulevard. — … frère de Lucas adore … crème caramel. — Après … pluie, … soleil fait son apparition. — L'arbitre annonce … résultat de … partie. — … touriste photographie … statue. — … chanteuse reprend … refrain de … chanson.

★★★ **79** **Recopie ces phrases et complète avec les noms féminins suivants.**

candidate – gagnante – ourse – marchande – voisine

Sonia rencontre sa … au pied de l'immeuble. — La … de légumes propose de superbes tomates. — La … répond à toutes les questions. — On peut apercevoir une … et ses oursons au zoo. — Après le tirage au sort, le premier prix a été remis à la … .

80 Recopie ces phrases et complète avec les noms féminins suivants.

chienne – pharmacienne – musicienne – comédienne

La … donne des médicaments pour soigner l'angine de ma sœur. — Les spectateurs applaudissent la … qui s'installe devant le piano. — La … apprend son rôle pour la prochaine pièce de théâtre. — La … de mon grand-père suit la trace du sanglier.

81 Associe à chaque nom masculin un nom féminin.

un commerçant – une commerçante

Noms masculins : un collégien — un employé — un brun — un paysan — un habitant — un inconnu — un ami

Noms féminins : une employée — une habitante — une inconnue — une paysanne — une brune — une collégienne — une amie

82 Recopie ces phrases et complète avec les noms féminins suivants.

cavalière – infirmière – caissière – sorcière – cuisinière – couturière

Une … est venue dans la classe pour nous peser. — La … prépare une salade aux noix. — La méchante … s'envole sur son balai magique. — La … raccourcit la robe de Marjorie. — Je tends un billet de dix euros à la … . — Une bonne … ne frappe jamais son cheval.

83 Associe à chaque nom masculin un nom féminin.

Noms masculins : un messager — un voyageur — un danseur — un copain — un lecteur — un garçon — un acteur

Noms féminins : une actrice — une lectrice — une voyageuse — une copine — une danseuse — une fille — une messagère

84 Écris le masculin de ces noms, comme dans l'exemple.

une inspectrice → un inspecteur

une voleuse	une éducatrice	une étrangère	une joueuse
une espionne	une championne	une surveillante	une écolière
une gamine	une louve	une aviatrice	une menteuse

Révisions : exercices 146 à 148, p. 50

12e

Le singulier et le pluriel des noms

Les jardiniers portent des chapeaux pour se protéger du soleil.

Règle

- Un nom est au **singulier** quand il désigne une seule chose ou un seul être vivant. Un nom est au **pluriel** quand il en désigne plusieurs. Le singulier et le pluriel sont le **nombre** des noms.

- Pour former le **pluriel des noms**, on ajoute souvent un **s**.
  → les jours – des pommes – les balcons – des images

- Les noms qui se terminent au singulier par **-eau**, **-au** et **-eu** prennent un **x** au pluriel.
  → les drapeaux – des tuyaux – des cheveux

- Certains noms ont déjà un **s** ou un **x** au singulier.
  → le repas → les repas   une souris → des souris
  → un prix → des prix   la croix → les croix

★ **85** **Recopie ces phrases et entoure seulement les noms au pluriel.**

Les enfants lancent des boules de neige. – Le médecin soigne les malades. – Les oiseaux volent au-dessus de la mer. – Réjane adore les tours de magie. – Les hérons vivent au bord des étangs. – Le singe fait des grimaces pour amuser les enfants. – Julien essuie les meubles avec un chiffon. – Les clients achètent des bouteilles de lait. – Lionel colle des timbres sur l'enveloppe.

★★ **86** **Recopie et place le déterminant un ou des devant chaque nom.**

… films	… marché	… programmes	… magasin
… ruban	… abri	… crayon	… accident
… soldats	… habits	… parc	… numéros
… canards	… moment	… jours	… savon

87 Recopie et place le déterminant une ou des
devant chaque nom.

… lampe	… abeilles	… rivières	… parole
… tuiles	… rangée	… secondes	… réunion
… ville	… équipes	… figure	… fourchettes
… cuisine	… fleurs	… grotte	… planches

88 Recopie et place le déterminant le ou les
devant chaque nom.

… feux	… cadre	… morceaux	… chameau
… trou	… chef	… papier	… voisins
… chants	… meubles	… soir	… monstre
… pain	… fer	… trains	… robinets
… sport	… coton	… titres	… ciel

89 Recopie et place le déterminant la ou les
devant chaque nom.

… sortie	… perche	… piles	… robes
… fenêtres	… joues	… partie	… barque
… émissions	… chanson	… surprise	… roues
… valise	… fusées	… tasses	… bouées
… fatigue	… cuisine	… chaussettes	… miettes

90 Écris ces noms et leur déterminant au pluriel.

une oreille	un stylo	une usine	une corde
un bouton	un seau	un rayon	un adieu
un oiseau	un radis	un choix	un noyau
une salade	un rideau	un sapin	une maison

91 Recopie ces phrases. Écris les noms et les déterminants
en gras au pluriel.

Tu donnes à manger **au lapin**. − On a installé **un jeu** dans la cour
de récréation. − Le conducteur allume **son phare**. − Delphine pose
l'assiette et **le verre** sur la table. − Pour mon anniversaire, j'ai reçu **un
cadeau**. − La marmotte s'endort pendant **le mois** d'hiver. − Au musée,
nous admirons **le tableau**. − Quentin a perdu **la clé**.

Révisions : exercices 149 à 151, p. 50-51

13ᵉ Leçon — Le masculin et le féminin des adjectifs

Le petit **garçon** a obtenu la dernière **place** gratuite

Règle

- Les adjectifs **s'accordent avec les noms** qu'ils accompagnent.
- Généralement, on ajoute un **e** à l'adjectif masculin pour former le féminin.
  - → un petit morceau   → une petite part
  - → un ballon rond   → une table ronde
- Certains adjectifs masculins se terminent par un **e** ; leur **forme ne change pas** au féminin.
  - → du linge propre   → une serviette propre
- La **terminaison** de l'adjectif masculin est parfois **modifiée** au féminin.
  - → un temps pluvieux   → une journée pluvieuse
  - → un garçon sportif   → une fille sportive
  - → un fruit amer   → une orange amère
  - → un drap blanc   → une chemise blanche

★ **92** **Recopie ces phrases et complète avec les adjectifs féminins qui conviennent.**

violente – profonde – joyeuse – débutante – exacte – puissante

Cette montre donne toujours l'heure … . — Le pilote dirige sa … moto parmi les obstacles. — L'alpiniste fait une chute dans une … crevasse. — Une … averse inonde les rues du quartier. — La danseuse … fait déjà des pointes. — Une … fête réunit tous les élèves de l'école.

★★ **93** **Recopie ces phrases et entoure les adjectifs féminins.**

J'ai une nouvelle trousse pour ranger mes stylos. — Les invités dansent sur une musique rythmée. — Maya saute dans une grande flaque d'eau. — Les contes ont souvent une fin heureuse. — Tu dessines des lignes régulières sur ton cahier.

94 Accorde les adjectifs au féminin. Aide-toi de l'exemple.

couper du bois **mort** → couper une branche **morte**

avoir un splendide costume   →   avoir une ... tenue
trouver un fauteuil libre   →   trouver une place ...
agiter un drapeau tricolore   →   agiter une écharpe ...
traverser un parc désert   →   traverser une forêt ...
apercevoir un serpent vivant   →   apercevoir une vipère ...
préparer un repas froid   →   préparer une soupe ...
porter un lourd carton   →   porter une ... valise

95 Recopie ces phrases et accorde les adjectifs entre parenthèses.

Pour fixer ces images, tu utilises une colle (spécial). − Alice est la (meilleur) amie de Clémence. − Autrefois, le cinéma était (muet). − Pour tracer un trait, prends un crayon avec une mine (pointu). − Il verse de la sauce (piquant) sur le riz. − Le menuisier a une scie (portatif). − Une cloison (isolant) sépare les deux pièces.

96 Accorde les adjectifs au féminin.

porter un ruban violet   →   porter une capuche ...
être victime d'un effet visuel   →   être victime d'une illusion ...
transporter un colis volumineux →   transporter une malle ...
regarder un film ennuyeux   →   regarder une émission ...
réparer un vieil appareil   →   réparer une ... machine

97 Recopie ces phrases et accorde les adjectifs entre parenthèses.

La maîtresse pose une question (précis). − Loris boit une soupe (brûlant). − La chatte (gourmand) s'approche du bol de lait. − La voiture roule dans une rue (étroit). − La foule (impatient) attend l'entrée les chanteurs. − Ce téléphone a une sonnerie (bruyant). − Faut-il laisser la fenêtre (ouvert) ? − Pour la dernière séance, l'entrée est (gratuit). − J'ai trouvé cette histoire très (ennuyeux).

Orthographe

Révisions : exercice 152, p. 51

14ᵉ Leçon
Le singulier et le pluriel des adjectifs

Les danseuses gracieuses portent de beaux costumes.

Règle

- Les adjectifs prennent généralement un **s** au **pluriel**.
  - → un élève absent   → des élèves absents
  - → une crème glacée   → des crèmes glacées
- Seuls quelques adjectifs prennent un **x** au **pluriel**.
  - → un beau voilier   → de beaux voiliers
  - → un nouveau programme   → de nouveaux programmes
- Les adjectifs **terminés par s** ou **x** au singulier **ne changent pas au pluriel**.
  - → un résultat précis   → des résultats précis
  - → un objet curieux   → des objets curieux

★ **98** **Recopie ces phrases et complète avec les adjectifs qui conviennent.**

mental – magnifiques – blanc – dangereux – rondes – énormes

Voici un exercice de calcul ... . – D'... rochers sont tombés sur la route. – N'utilise pas cet outil ... . – Où avez-vous cueilli ces fleurs ... ? – Prends-tu un fromage ... ? – Je place deux piles ... à l'intérieur de mon jouet.

★ **99** **Recopie uniquement les adjectifs au pluriel.**

De gros nuages gris annoncent sûrement un violent orage. – Il y a des poissons rouges dans l'aquarium. – Amandine a les yeux clairs et les cheveux blonds. – Les personnes timides n'osent pas se mettre au premier rang. – Une lourde chaîne barrait l'entrée principale des châteaux forts. – Les invités mangent des biscuits salés. – Cécilia a de gracieuses tresses blondes. – Thomas porte des chaussures noires.

100 Recopie et complète ces groupes nominaux avec les adjectifs entre parenthèses. Attention aux accords !

(brun) → des cheveux … — une mèche … — un ours …

(froid) → des crêpes … — une viande … — un repas …

(court) → des manches … — une jupe … — un … trajet

(gris) → une souris … — des chaussettes … — un ciel …

101 Recopie ces phrases et accorde les adjectifs entre parenthèses.

Les (riche) seigneurs habitaient de (superbe) châteaux. — J'adore les cerises bien (mûr). — Victoria a de (joli) boucles d'oreilles. — Les motards (prudent) ont toujours des gants (épais). — Les élèves (absent) aujourd'hui recopieront le résumé demain.

102 Écris les noms en gras au pluriel, puis accorde les autres mots.

un **bidon** vide

une **pancarte** routière

un **passage** souterrain

une **raquette** neuve

le **terrible** dragon

un **animal** préhistorique

103 Écris les noms en gras au singulier. Puis accorde les adjectifs comme dans l'exemple.

des **joueurs** chanceux → un joueur **chanceux**

des **duvets** moelleux

des **chiens** peureux

des **sauts** périlleux

des **places** assises

des **angles** aigus

des **passages** étroits

des **lapins** surpris

des **palais** mystérieux

104 Recopie ces phrases et accorde les adjectifs entre parenthèses.

Les eaux (minéral) sont vendues en bouteilles. — Les tiges des roses sont (piquant). — Louise possède des timbres (rare). — Tu as de (bon) raisons pour ne pas te baigner. — Les personnes (naïf) croient aux fantômes. — Le musicien ne fait pas de (faux) notes.

Révisions : exercices 153 et 154, p. 51

15ᵉ L'écriture des nombres

Nous serons en vacances dans deux mois et cinq jours.

Règle

- Les nombres indiquent des **quantités précises**.
  Ils sont **invariables**.
  - → un – deux – trois – quatre – cinq – six – sept – huit – neuf – dix – onze – douze – treize – quatorze – quinze – seize
- Au-delà, de seize, on place un **trait d'union entre les dizaines et les unités**, sauf si elles sont unies par le mot « **et** ».
  - → (19) dix-neuf étages
  - → (31) trente et un points
  - → (46) quarante-six mètres
  - → (75) soixante-quinze pages
  - → (78) soixante-dix-huit allumettes
  - → (146) cent quarante-six spectateurs

105 **Recopie ces phrases et entoure les nombres.**

À six ans, Damien savait lire. — Ce texte se compose de vingt-deux lignes. — Le garagiste change les quatre pneus de la voiture. — Ce chien pèse dix-neuf kilos. — Cinquante concurrents ont pris le départ de la course. — Ce téléphone portable coûte deux cent dix euros.

106 **Écris ces nombres en lettres.**

(2) yeux	(10) tonneaux	(14) moutons	(18) numéros
(3) doigts	(11) rouleaux	(15) couplets	(19) chapitres
(7) jours	(12) couleurs	(16) litres	(20) bonbons
(8) mois	(13) épisodes	(17) verres	(30) kilomètres

107 **Écris ces nombres en lettres.**

(21) personnes	(33) tulipes	(42) paquets	(69) grammes
(25) villas	(35) livres	(44) battements	(78) litres
(27) policiers	(31) arbres	(46) wagons	(97) mètres
(29) boules	(34) chaises	(49) cailloux	(86) minutes

108 Recopie ces phrases en écrivant les nombres entre parenthèses en lettres.

L'araignée a (8) pattes. — Il y a (55) bougies sur le gâteau d'anniversaire de ma grand-mère. — Ma famille habite (11) rue de la Paix. — (41) ouvriers travaillent dans cette usine. — Samira est née le (18) août. — Tu fais une omelette de (12) œufs ! — Cette valise pèse (24) kilos. — (26) est un nombre pair.

109 Recopie et complète ces phrases avec les nombres qui conviennent. Écris ces nombres en lettres.

60 – 24 – 4 – 31 – 100 – 3 – 5 – 12

Dans une main, il y … doigts. — L'année se termine le … décembre. — Un triangle a … côtés. — Une minute, c'est … secondes. — Dans une journée, il y a … heures. — Le printemps est une des … saisons. — Un euro est égal à … centimes d'euros. — Les … coups de minuit sonnent à l'horloge.

110 Recopie ces phrases en écrivant les nombres entre parenthèses en lettres.

Les (88) élèves de l'école vont au stade. — Cette tour compte (17) étages. — Il y a (37) places libres sur ce parking. — Il y (15) roses rouges dans mon bouquet. — Je compte (32) cartes dans ce jeu. — Ali-Baba a découvert le trésor des (40) voleurs. — Le feu a détruit (26) hectares de forêt.

111 Recopie ces phrases en écrivant les nombres entre parenthèses en lettres.

Combien coûtent (90) grammes de jambon ? — Il y a (110) cerisiers dans ce verger. — J'ai compté (78) bateaux dans le port. — (145) drapeaux flottent à l'entrée du stade. — Plus de (250) loups vivent dans les montagnes de France. — (950) spectateurs assistent au concert des *Rappeurs joyeux*. — (845) habitants vivent dans ce village. — (718) personnes ont répondu à ce questionnaire.

Orthographe

Révisions : exercice 155, p. 52

Les accords
dans le groupe nominal

Les principaux **magasins** du quartier **sont encore ouverts.**

Règle

- Le déterminant et l'adjectif s'accordent en **genre** et en **nombre** avec le nom qu'ils accompagnent.
  - → une averse violente   → de violentes averses
  - → un verre plein   → des verres pleins
- **Attention !** Certains mots appartiennent au groupe nominal, mais ne s'accordent pas avec le nom.
  - → une violente averse de grêle → de violentes averses de grêle
  - → un verre plein d'eau → des verres pleins d'eau

★ **112** **Recopie ces phrases et complète avec les noms qui conviennent.**

semaine – voitures – panne – hôtesses – pneus – vélo – piétons – ours

Cette voiture a des vieux … . — Amaury collectionne les … miniatures. — Les … souriantes accueillent les passagers. — Il y a une soudaine … d'électricité. — Kilian a un magnifique … neuf. — Les … pressés traversent la route. — J'irai te voir la … prochaine. — On ne domptera jamais cet … sauvage.

★ **113** **Recopie ces phrases et complète avec les adjectifs qui conviennent.**

grises – glacée – fine – haute – ensoleillées – travailleur – grand – animés

En juillet, les journées … ne sont pas rares. — Ne vous baignez pas dans cette eau … . — Le chat poursuit les souris … . — Ce garçon est un élève … . — Je lis le texte à voix … . — Une … couche de neige recouvre les trottoirs de l'avenue. — Tu regardes des dessins … le dimanche. — Un … magasin de meubles s'installe dans le quartier.

114 Recopie ces phrases et complète avec les mots qui conviennent.

délicieuse – perçant – énormes – larges – vertes – puissants

On entend un cri … au loin. — Je salive devant cette … tarte. — Il y a des plantes … sur la terrasse. — Ces arbres ont des troncs …. — Le camion a des freins …. — L'appartement a de … fenêtres.

115 Recopie ces groupes nominaux. Souligne le nom avec lequel le déterminant et l'adjectif s'accordent.

un chaud rayon de soleil
une immense plage de sable
d'épaisses tranches de viande
de rapides trains de voyageurs
un beau plateau de fruits

une belle chevelure brune
de petits crayons de couleur
une nouvelle console de jeux
un grand chapeau de paille
de lointaines étoiles brillantes

116 Recopie ces phrases et accorde les mots entre parenthèses.

Lilian choisit des melons (parfumé). — Cette compagnie (aérien) possède des avions (moderne) et (rapide). — Les (jeune) mariées portent des robes (blanc). — Des bruits (bizarre) proviennent du grenier. — Anaïs trace des lignes (droit) avec sa règle (plat).

117 Recopie ces phrases et remplace les noms en gras par ceux entre parenthèses. Attention aux accords !

Martin porte un vieux **pantalon** (chemise) en coton. — Les campeurs jettent des **bassines** (seaux) pleines d'eau sur le feu. — Le cow-boy rencontre un important **groupe** (équipe) de chercheurs d'or. — Stanislas achète des **croissants** (brioches) dorés.

118 Recopie ces phrases et écris les noms en gras au pluriel. Attention aux accords !

Les cyclistes roulent sur une **voie** réservée. — Le vent souffle sur le **champ** de blé. — Un bon conducteur ne donne jamais un brusque **coup** de volant. — Le boulanger prépare un **pain** de campagne. — En voiture, il faut boucler la **ceinture** de sécurité. — Je photographie la **tour** du château.

Orthographe

Révisions : exercice 156, p. 52

L'accord du verbe avec son sujet

Les élèves jouent dans la cour de l'école.

Règle

- **Le verbe s'accorde toujours avec son sujet.**
- Le **sujet** peut être :
  - un **nom** → Lucas regarde la télévision.
  - un **pronom** → Il regarde la télévision.
  - un **groupe nominal** → Le public regarde la télévision.
- Si le sujet est un groupe nominal, il faut chercher le **nom principal**.
  → Les **cris** du public encouragent les joueurs.
- On trouve le sujet en posant la question « **Qui est-ce qui... ?** » ou « **Qu'est-ce qui... ?** » devant le verbe.
  → Qui est-ce qui regarde la télévision ? → Lucas
  → Qu'est-ce qui encourage les joueurs ? → Les cris

★ **119** **Recopie ces phrases et entoure les pronoms sujets.**

Nous prenons l'ascenseur. — Tu parlais avec tes camarades. — Je relis les consignes de l'exercice. — Il colle un timbre sur l'enveloppe. — Vous apprenez vos leçons par cœur. — Ils respectent les règles du jeu. — Tu téléphones à tes parents. — Nous rangeons nos affaires dans nos casiers. — Vous utilisez votre calculatrice. — Elle promène son petit chien. — Elles écoutent de la musique.

★ **120** **Recopie ces phrases et entoure les noms sujets.**

Les abeilles bourdonnent à nos oreilles. — Le lierre grimpe le long de la muraille. — Les immeubles cachent la vue sur la mer. — Le tonnerre gronde au lointain. — Les pigeons s'envolent brusquement. — Les vagues déferlent sur la jetée. — L'émission s'arrêtera à vingt heures. — Les mécaniciens réparent les véhicules accidentés. — Barbara lève le doigt pour répondre. — L'arbitre siffle un coup franc.

121 Recopie ces phrases et entoure le nom principal des groupes sujets.

Le joueur de dames avance un pion blanc. — Les tremblements de terre provoquent des dégâts importants. — L'arrivée des invités annonce le début du spectacle. — Les serpents à sonnette se cachent dans les hautes herbes. — Les boutiques du centre commercial sont ouvertes.

122 Recopie ces phrases et remplace les pronoms sujets en gras par ces groupes nominaux.

Les skieurs – La maman – L'électricien – Les conducteurs – Les chanteurs – Le chien – La rivière

Elle berce son bébé. — **Il** aboie devant les passants. — **Ils** dévalent les pistes enneigées. — **Ils** reprennent le refrain. — **Ils** respectent le Code de la route. — **Elle** coule au bord de la forêt. — **Il** installe une parabole sur le toit.

123 Recopie ces phrases et complète avec ces verbes.

téléphone – fabriquent – utilise – plongent – arrose – débarquent

Le coiffeur … un peigne et des ciseaux. — Les mouettes … dans l'eau pour attraper des poissons. — Les passagers … à l'heure prévue. — Karim … à sa cousine. — Le jardinier … les salades et les poireaux. — Les usines … des meubles.

124 Recopie ces phrases et accorde les verbes entre parenthèses au présent.

Je ne m'(approcher) pas du précipice. — Jordan (embrasser) ses parents. — Les cosmonautes (monter) dans la fusée. — Nous (étaler) une couche de peinture. — Vous ne (bavarder) pas en classe. — Tu (inviter) tes amis pour ton anniversaire.

125 Recopie ces phrases et accorde les verbes entre parenthèses au futur simple.

Les voitures (stationner) sur le parking. — Tu (imiter) le cri du hibou. — Nous (hésiter) avant de répondre. — Le marin (hisser) les voiles. — Je (ranger) les verres et les assiettes. — Vous (sauter) sur le trampoline.

Révisions : exercices 157 et 158, p. 52

Les mots invariables

Aujourd'hui, il neige beaucoup. Demain, il neigera encore.

Règle

● Dans une phrase, certains mots ne s'accordent jamais. Ils sont **invariables**.
→ Mon ami viendra bientôt.   Mes amis viendront bientôt.
→ Le vélo est contre l'arbre.   Les vélos sont contre les arbres.

● Comme les **mots invariables** sont très souvent utilisés, il faut retenir leur orthographe par cœur.
(Voir la liste page 136.)

★ **126** **Recopie chaque couple de phrases et entoure les mots qui sont restés invariables.**

Je reste devant la grille.
Nous restons devant les grilles.

Tu éviteras aussi le caillou pointu.
Nous éviterons aussi les cailloux pointus.

L'enfant chante comme un pinson.
Les enfants chantent comme des pinsons.

Trace le trait avec une règle.
Tracez les traits avec des règles.

★ **127** **Recopie ces phrases et complète avec le seul mot invariable qui convient.**

(maintenant – sur – dehors)   → On a collé une affiche … le mur.
(trop – souvent – malgré)   → Ma grand-mère est sortie … la pluie.
(chez – ici – déjà)   → Cécilia va … le boulanger.
(pendant – assez – bientôt)   → Nous jouerons … la récréation.
(entre – ailleurs – sous)   → Vous rangerez votre sac … .

★ 128 Recopie ces phrases et complète avec le seul mot invariable qui convient.

(par – durant – debout) → Nous sommes … dans le couloir.

(autour – très – depuis) → Ce chien a un collier … du cou.

(sur – lorsque – presque) → Le local à vélos est … vide.

(Tôt – Autrefois – Demain) → …, les ordinateurs n'existaient pas.

★★ 129 Recopie ces phrases et complète avec les mots invariables que tu formeras avec les lettres suivantes.

J M A I A S → Il ne faut … jouer avec des allumettes.

D P U E I S → Je suis au CE1 … la rentrée de septembre.

M E U I X → Julie aime … les bananes que les oranges.

A E S S Z → Ne plonge pas ici : il n'y a pas … d'eau.

★★ 130 Recopie ces phrases et remplace les mots invariables en gras par leur contraire.

tôt – sans – dehors – plus – avant – derrière – sur

Les élèves du CE1 entrent en classe **devant** ceux du CP. − Vous placez les chaises **sous** les bureaux. − Le concert se termine plus **tard** que prévu. − Grand-Père lit le journal **avec** ses lunettes. − Liliane est **moins** grande que son frère. − Tu iras jouer, mais **après** tu feras tes devoirs. − Mon chat Grisou a passé toute la nuit **dedans**.

★★ 131 Recopie ces phrases et remplace les mots en gras par les mots invariables qui conviennent.

Parfois – encore – bientôt – beaucoup – vite

Ce matin, il pleut **en grande quantité**. − **À certains moments**, le train est en retard. − Répondez **en vous dépêchant** aux questions ! − Le prix des vêtements a **de nouveau** augmenté. − Un supermarché ouvrira **prochainement** près de chez nous.

▶ **Vocabulaire à retenir** ─────────────────

mais – avec – pour – sur – même – autour – plus – moins – dans
entre – après – avant – depuis – jamais – toujours – devant
derrière – comme

Révisions : exercice 159, p. 53

19ᵉ Leçon — est, et

L'arrivée est proche et les coureurs accélèrent.

Règle

- Il ne faut pas confondre **est** et **et**.
- **est** est une forme du verbe **être** au présent. On peut la remplacer par une autre forme du verbe **être**.
  - → La danseuse est gracieuse.
    La danseuse était gracieuse.
- **et** est un mot invariable. On peut le remplacer par **et puis**.
  - → Elle est gracieuse et souriante.
    Elle est gracieuse et puis souriante.

★ **132** Recopie ces phrases et écris était entre parenthèses lorsqu'il peut remplacer le mot en gras.

Ma cousine **est** une bonne élève.

→ Ma cousine **est** (était) une bonne élève.

Ce jouet **est** trop cher. — Louana **est** jeune. — Ce jeu **est** amusant. — Le bébé **est** dans son lit **et** il dort. — Le bateau **est** à quai **et** les passagers descendent. — Le chat **est** parti **et** les souris dansent. — La pente **est** dangeureuse **et** je marche doucement.

★ **133** Recopie ces phrases et écris et puis entre parenthèses lorsqu'il peut remplacer le mot en gras.

Les narcisses **et** les jonquilles sont des fleurs de printemps.

→ Les narcisses **et** (et puis) les jonquilles sont des fleurs de printemps.

Le train **est** arrivé en retard **et** nous l'avons attendu. — Papa vide le garage **et** il le nettoie. — Comme le vent **est** violent, nous fermons les portes **et** les fenêtres. — L'histoire **est** passionnante **et** toute la classe écoute. — La saison **est** sèche **et** le niveau de l'eau **est** au plus bas.

134 Recopie ces phrases et complète avec est ou et. Pour est, tu écriras était entre parenthèses.

La tarte … délicieuse … j'en reprendrais bien un morceau. – Mohamed … de bonne humeur … il sourit. – Le cygne … sur l'étang … il montre son beau plumage blanc. – La voiture … arrêtée au stop … elle attend que la voie soit dégagée. – Cette péniche … longue … étroite.

135 Recopie ces phrases et complète avec est ou et. Pour et, tu écriras et puis entre parenthèses.

La carte est retournée … c'… un roi de trèfle. – La neige … tombée … le paysage … tout blanc. – La partie … terminée … le score … nul. – Margot … venue me voir … nous nous sommes bien amusées. – Fadila … en Italie … elle visite la ville de Venise. – Le temps … clair … le soleil brille.

136 Recopie ces phrases et complète avec est ou et.

Noël … un jour de fête pour les enfants … leurs parents. – Après l'orage, la route … boueuse … glissante. – Martin … en maillot de bain … il plonge dans la piscine. – Ce magasin … ouvert le samedi … le dimanche. – L'ascenseur … en panne … nous montons à pied.

137 Transforme ces groupes nominaux comme dans l'exemple.

une petite ville touristique → La ville **est** petite **et** touristique.

une joyeuse fête animée un triste jour pluvieux
un sage conseil amical un gros gâteau crémeux
un doux pelage roux un amusant livre illustré
une large avenue déserte une chaude matinée ensoleillée

138 Recopie ces phrases et écris les noms en gras au singulier. Attention aux accords !

Ces **terrains** sont à l'abandon. – Les **bijoux** sont en or. – Les **poissons** sont dans l'aquarium. – Les **chevaux** sont à l'écurie. – Les **oiseaux** sont sur la branche. – Les **histoires** sont drôles et toute la classe éclate de rire.

Révisions : exercices 160 et 161, p. 53

Andy a un cartable à roulettes.

Règle

- Il ne faut pas confondre **a** et **à**.

- **a**, sans accent, est une forme du verbe **avoir** au présent.
  On peut la remplacer par une autre forme du verbe **avoir**.
  → Nadia a des bottes fourrées.
     Nadia avait des bottes fourrées.

- **à**, avec un accent grave, est un mot invariable.
  → aller à l'école – un avion à réaction – courir à toute allure

★ **139** **Recopie ces phrases et écris avait entre parenthèses lorsqu'il peut remplacer le mot en gras.**

Inès **a** un exercice **à** recopier.

→ Inès **a** (avait) un exercice **à** recopier.

Anna **a** des ciseaux **à** bouts ronds. – Le cuisinier **a** une poêle **à** frire. – Mon oncle **a** un canot **à** moteur. – Le facteur **a** du courrier **à** distribuer. – Le vétérinaire **a** un petit chat **à** soigner. – Maman **a** rendez-vous **à** la mairie. – Il **a** des chemises **à** repasser. – Isabelle **a** l'occasion de partir **à** la montagne. – Julien **a** un frère **à** l'école maternelle. – Claire **a** une nouvelle **à** nous annoncer. – Lilou **a** un anneau **à** l'oreille droite. – Antoine déjeune **à** la caféteria.

★ **140** **Complète chaque nom avec un des groupes suivants.**

à carreaux rouges – à la crème – à dents – à roulettes – à bascule – à voiles – à laver – à talons – à repasser – à colorier – à bille – à café

des chaussures …   un stylo …   un fauteuil …
des patins …   une nappe …   une machine …
un album …   un chou …   un fer …
une brosse …   une tasse …   un bateau …

141 Recopie ces phrases et complète avec a ou à.
Pour a, tu écriras avait entre parenthèses.

Amélie … oublié qu'elle … rendez-vous … dix heures. — Bilal … payé ses achats … la caisse du supermarché. — Vanessa … une préférence pour les glaces … la vanille. — Damien ne sait pas … quoi sert cette touche … droite sur le clavier.

142 Recopie ces phrases et écris les verbes en gras au présent.

Le musicien **avait** un instrument à cordes. — Louise **avait** du mal à trouver une boulangerie ouverte. — Le cheval **avait** soif après la course. — Ce coureur **avait** de l'avance. — Le Petit Poucet **avait** l'idée de semer des cailloux. — Simon **avait** les cheveux trop longs.

143 Recopie ces phrases et complète avec a ou à.

L'ouvrier … un travail … finir avant la fin de la journée. — Emmy … de la peine … répondre … la question. — Yohan … peur de l'orage, alors il se met … l'abri. — La maîtresse … une dictée … corriger. — Le vigneron … encore une vigne … tailler. — Bettina … mis son pull … l'envers : quelle étourdie ! — Maxime … un crayon … papier.

144 Recopie ces phrases et complète avec a ou à.

Héléna … une veste … rayures. — Julia … une armoire … glace dans sa chambre. — Célia … des amis … Toulouse. — Le motard … un casque … visière. — Quentin … décidé d'aller … la plage. — Sarah … un nouveau sac … main. — Pierre … du chagrin et pleure … grosses larmes.

145 Recopie ces phrases et écris les noms en gras au singulier.
Attention aux accords !

Les **papillons** ont de jolies couleurs. — Les **colliers** ont de la valeur ; **ils** ont des perles noires. — Mes **voisins** ont un chalet à la montagne. — Les **chats** ont des yeux perçants. — Les **voyageurs** n'ont plus un instant à perdre : le train entre en gare. — Ces **chansons** ont des paroles faciles à retenir. — Les **joueurs** ont des chaussures à crampons.

Révisions : exercices 162-163, p. 53

Orthographe

Révisions

146 **Recopie et place le déterminant un ou une devant chaque nom.**

… pelouse	… piano	… poteau	… mémoire
… cercle	… promenade	… nuit	… cravate
… poussière	… fromage	… cuisine	… escalier
… rangée	… poing	… hiver	… plante

Voir leçon 11

147 **Écris le féminin de chaque nom.**

un gaucher → une gauchère

un gardien	un nageur	un passager	un ouvrier
un marchand	un maître	un écolier	un moniteur
un boulanger	un père	un frère	

Voir leçon 11

148 **Recopie ces phrases et complète avec les noms féminins qui conviennent.**

conductrice – chanteuse – vendeuse – aviatrice – directrice – princesse

La … de l'autobus est très prudente. – La … tient son micro. – Vanessa adore les avions, elle veut devenir … . – La … de l'école rencontre les parents. – La … porte une couronne. – Avant d'acheter, je demande un renseignement à une … .

Voir leçon 11

149 **Écris ces noms au pluriel.**

un pied	un avion	un sport	un souvenir
une tortue	la couverture	la pièce	le singe
un tableau	une plage	une chanson	une lettre
un groupe	un poteau	une tasse	une surprise
la joue	une barque	le nuage	un poireau

Voir leçon 12

150 **Écris ces noms au singulier.**

des chapeaux	les mains	des anneaux	des coups
les montagnes	les dents	des huiles	des bras
des carreaux	les lumières	des couplets	les noisettes
les billets	des abricots	les cheveux	

Voir leçon 12

151 **Recopie ces phrases et écris les noms en gras au pluriel.**

Les voitures ne stationnent pas sur **le trottoir**. − Les princes et les princesses habitent dans **un palais**. − Après **la séance** de peinture, l'élève nettoie **le pinceau**. − La locomotive tire **le wagon**. − Le marin replie **la voile**. − Pourquoi hausses-tu **l'épaule** ? − Fais attention : tu vas te blesser avec **le couteau** !

Voir leçon 12

152 **Recopie ces phrases et accorde les adjectifs entre parenthèses.**

Le roi vivait dans une demeure (luxueux). − L'explorateur part dans une région (lointain). − Ne touche pas la casserole (brûlant). − Dans ce village africain, il n'y a pas d'eau (courant). − On ne sert pas la soupe dans une assiette (plat). − Je trace des lignes (droit). − Les enfants aiment cette histoire (ancien).

Voir leçon 13

153 **Recopie ces phrases et accorde les adjectifs entre parenthèses.**

Il faut couper les branches (mort). − Ce garage expose des voitures (neuf). − Je me promène dans les rues (étroit) du village. − Les personnes (pressé) téléphonent. − Les calculs sont (simple) ; inutile de prendre une calculatrice. − Des mesures (spécial) sont prises pour éviter la pollution des rivières. − De (solide) câbles retiennent le cargo. − Les chats et les chiens sont des animaux (familier). − On voit des étoiles (brillant) dans le ciel.

Voir leçon 14

154 **Recopie ces phrases et accorde les adjectifs entre parenthèses.**

La côte (rocheux) empêche les (petit) voiliers de s'approcher du bord. − Candice a passé une écharpe (soyeux) autour de son cou. − Le musée du Louvre expose des tableaux (célèbre). − Tu préfères les yaourts (sucré) au fromage. − Ces (jeune) actrices de cinéma portent des robes (clair).

Voir leçon 14

Orthographe

155 **Écris ces nombres en lettres.**

(49) joueurs	(53) camions	(34) points
(37) pièces	(73) étoiles	(43) poulets
(81) invités	(92) sapins	(57) timbres
(66) clous	(38) carreaux	(75) perles
(25) poissons	(44) objets	(28) billets
(74) morceaux	(86) animaux	(62) cartons
(55) mots	(63) jours	(94) vitres

Voir leçon 15

156 **Recopie ces phrases et accorde les mots entre parenthèses.**

À l'école (maternel), de (gentil) maîtresses s'occupent des (jeune) enfants. − La comtesse porte un collier de pierres (précieux). − Pour avoir de (beau) pelouses, il faut arracher les (mauvais) herbes. − Les trottoirs (glissant) brillent comme des miroirs. − Les lumières (vif) attirent les insectes (nocturne).

Voir leçon 16

157 **Recopie ces phrases et entoure le nom principal des groupes sujets.**

Les tiroirs de la commode sont fermés à clé. − Le roi des animaux possède une longue crinière. − Les personnages de dessins animés vivent des aventures imaginaires. − Les grosses têtes du carnaval défilent dans les rues. − Les élèves essoufflés rentrent dans la classe. − Les canards de la mare barbotent dans l'eau. − La grue du chantier déplace des blocs de pierre.

Voir leçon 17

158 **Recopie ces phrases et accorde les verbes entre parenthèses au présent.**

Tu (enregistrer) des numéros de téléphone. − De puissants tracteurs (labourer) les champs. − Je (confier) un secret à Stéphane. − Mes petits cousins (aller) au centre aéré pendant les vacances. − Les personnes peureuses (sursauter) au moindre bruit. − Vous (respirer) difficilement. − Margaux ne (parler) pas encore anglais. − Nous (chercher) la sortie.

Voir leçon 17

159 **Recopie ces phrases et complète avec les mots invariables qui conviennent.**

longtemps – entre – demain – toujours – autant – derrière

Les aiguilles des sapins sont … vertes, même en hiver. – Notre classe compte … de filles que de garçons. – Le skieur slalome … les piquets. – Les pompiers n'ont pas mis … pour éteindre l'incendie. – Nous sommes lundi, … ce sera mardi. – Le jeune faon a peur et se cache … sa mère. **Voir leçon 18**

160 **Recopie ces phrases et complète avec est ou et.**

Simon … dans le grand bassin … il nage sur le dos. – La maîtresse … sortie de la classe … elle parle avec le directeur. – Douze … un nombre pair … treize un nombre impair. – Le voyage … long … fatigant. – L'ascenseur … en panne … nous devrons monter à pied. **Voir leçon 19**

161 **Recopie ces phrases et complète avec est ou et.**

Ce gratin … trop salé … personne n'en reprendra. – L'éolienne … au sommet de la colline … on la voit de loin. – La clé … sur la porte … vous entrez facilement. – Le couteau … bien aiguisé … je coupe ma viande. **Voir leçon 19**

162 **Recopie ces phrases et complète avec a ou à.**

Léonie … donné un conseil … son amie Fanny. – Jérémie … le sourire, car la maîtresse lui … fait des compliments. – Solène … mal … la tête et elle … de la fièvre. – Jordi … distribué les cartes et c'est … toi de jouer. – Le dompteur … un fouet … la main et il se fait obéir des lions. **Voir leçon 20**

163 **Recopie ce texte et complète avec a ou à.**

Quand il … fini ses devoirs, Alexis s'installe dans sa chambre … coucher. Il … besoin d'être seul pour écouter ses chanteurs préférés. L'écouteur … l'oreille, il … l'impression d'être … côté de l'orchestre. Il … une préférence pour les musiques où il y … beaucoup d'instruments … vent. **Voir leçon 20**

Orthographe

Les voyelles
Les consonnes

> **Règle**
>
> - Pour écrire le français, on utilise **vingt-six lettres**.
> - Il y a **six voyelles** qui peuvent se prononcer seules :
>   **a – e – i – o – u – y**
> - Les vingt autres lettres, les **consonnes**, se prononcent généralement accompagnées d'une voyelle :
>   **b–c–d–f–g–h–j–k–l–m–n–p–q–r–s–t–v–w–x–z**

★ **164** **Recopie ces mots et entoure les voyelles.**

stylo	feuille	tuile	oiseau
arriver	beaucoup	corbeille	addition

★ **165** **Recopie ces mots et entoure les consonnes.**

crayon	décider	échelle	fabrique
grossir	important	brouillard	mélange

★★ **166** **Recopie ce tableau et classe les mots suivants.**

Mots de 4 lettres	Mots de 5 lettres	Mots de 6 lettres	Mots de 7 lettres	Mots de 8 lettres

feutre – angle – marchand – bercer – lent – toiture – sauce – soupir – débutant – pont – tiroir – sorcier – virage

★★★ **167** **Écris ces lettres dans l'ordre pour former des mots.**

p – l – t – a	v – g – a – u – e	r – t – o – u – e
m – s – a – i	t – r – c – a – e	m – t – a – i – n

❱ **Vocabulaire à retenir** ─────────────

la porte – le sucre – le soir – le soleil – la poste – rire – froid
lundi – mardi – mercredi – jeudi – vendredi – samedi – dimanche

Révisions : exercice 314, p. 96

Les syllabes
Les mots

Règle

- Chaque partie d'un **mot** qui se prononce en un seul son s'appelle **une syllabe**.
  → pantalon → pan / ta / lon   → 3 syllabes
  → ouverture → ou / ver / tu / re   → 4 syllabes

★ **168** **Recopie ces phrases et indique le nombre de mots qu'elles contiennent.**

La vilaine chenille deviendra un beau papillon.   → ... mots
Les éoliennes tournent quand il y a du vent.   → ... mots
Tu places du papier dans une imprimante.   → ... mots

★★ **169** **Recopie ces mots et indique le nombre de syllabes.**

jongler → 2 syllabes

crevaison	renseignement	désarticulé	soupirer
multicolore	électricité	vigoureux	mécanique

★★★ **170** **Recopie et complète les mots de chaque colonne avec la même syllabe.**

...don	pla...	ce...se	bru...lité
...fois	cou...	fa...ne	mon...gne
...fum	po...	na...ne	por...ble
...fait	ba...	ma...ne	pin...de
...ler	châ...	mé...ter	po...ge
...tout	gâ...	dé...ver	en...mer
...venir	mar...	sou...re	je...ble

▶ **Vocabulaire à retenir** _____

janvier – février – mars – avril – mai – juin – juillet – août
septembre – octobre – novembre – décembre

Révisions : exercices 315 et 316, p. 96

L'ordre alphabétique

Leçon

Règle

- **Dans un dictionnaire, les mots sont rangés par ordre alphabétique.** Pour trouver un mot, il faut donc connaître l'ordre des lettres dans l'alphabet.

  → a – b – c – d – e – f – g – h – i – j – k – l – m – n – o – p – q – r – s – t – u – v – w – x – y – z

  → A – B – C – D – E – F – G – H – I – J – K – L – M – N – O – P – Q – R – S – T – U – V – W – X – Y – Z

- Pour classer des mots dans l'ordre alphabétique, on regarde la première lettre. Si cette première lettre est la même, on observe la deuxième, et ainsi de suite jusqu'à la rencontre de deux lettres différentes.

  → Le mot bonjour sera placé avant le mot bonsoir, parce que le j est placé avant le s dans l'ordre alphabétique.

171 Complète avec la lettre placée avant et celle placée après dans l'ordre alphabétique.

… – m – …	… – s – …	… – f – …	… – u – …
… – c – …	… – k – …	… – d – …	… – i – …
… – r – …	… – y – …	… – n – …	… – e – …

172 Complète avec les deux lettres placées avant et les deux lettres placées après dans l'ordre alphabétique.

… – … – m – … – … | … – … – o – … – … | … – … – l – … – …
… – … – g – … – … | … – … – t – … – … | … – … – h – … – …
… – … – p – … – … | … – … – j – … – … | … – … – q – … – …

173 Écris ces groupes de lettres dans l'ordre alphabétique.

d – x – c – y → c – d – x – y

g – r – h – s → … – … – … – … | e – t – f – u → … – … – … – …
l – j – m – q → … – … – … – … | a – v – b – w → … – … – … – …
o – s – m – t → … – … – … – … | n – y – i – z → … – … – … – …

Révisions : exercice 317, p. 96

174 Recopie ce tableau et classe les mots suivants.

Mots placés avant **faim** dans l'ordre alphabétique	Mots placés après **faim** dans l'ordre alphabétique

mesurer – calcul – laine – casquette – savant – cinéma – musique – chemin – fatigue – camarade – entier – réponse

175 Écris chaque liste de mots dans l'ordre alphabétique.

feuille – balcon – peindre – nouveau – cabine
attention – parole – échelle – ville – sœur
minuit – rangée – gourmand – hôtel – opération
imiter – tonnerre – couronne – utile – dindon

176 Écris chaque liste de mots dans l'ordre alphabétique.

chien – café – crier – certain – cinéma
planter – pain – propre – peau – pharmacie
tuile – tempête – trouver – tordre – tartine

177 Recopie chaque ligne et entoure le mot qui n'est pas classé dans l'ordre alphabétique.

araignée – complet – vingt – ficelle – mercredi – passage – train
danser – écarter – groupe – limite – beaucoup – panier – sable
profond – compter – direct – erreur – humide – marcher – nombre
inonder – juste – kilo – numéro – leçon – raide – salon

178 Choisis, dans les parenthèses, le mot qui vient entre les deux mots en gras pour respecter l'ordre alphabétique.

(marché – marraine – mardi – mars – mariage)
marron – … – **marteau**
(chasseur – charger – charmant – chaussure – charrue)
charbon – … – **chariot**

▶ **Vocabulaire à retenir**

lire – la lecture – un lecteur
écrire – l'écriture – un écrivain

chanter – un chant – un chanteur
calculer – le calcul – la calculatrice

Révisions : exercice 317, p. 96

24e Leçon — Les accents

Règle

- Les accents **modifient la prononciation** de la lettre **e**.
- Avec l'**accent aigu** (´), la lettre **e** se prononce [e].
  → une épée – un général – la santé – obéir
- Avec l'**accent grave** (`), la lettre **e** se prononce [ɛ].
  → une sirène – la flèche – le succès – une comète
- Avec l'**accent circonflexe** (^), la lettre **e** se prononce [ɛ].
  → un chêne – une bête – une guêpe – même
- On trouve aussi des **accents graves** et **circonflexes** sur d'**autres voyelles**.
  → déjà – où – un gâteau – un hôtel – le dîner – une brûlure

★ **179** Recopie ce tableau et classe les mots suivants.

On entend [e].	On entend [ɛ].	
On écrit é.	On écrit è.	On écrit ê.

une règle – un kilomètre – la mémoire – la forêt – un légume – la fenêtre – étaler – la fête – l'entrée – prêter – une pièce – un arrêt – pénible – un zèbre – un siècle

★ **180** Recopie ces phrases et complète avec les mots qui conviennent. Entoure les lettres accentuées.

caissière – enquête – hélice – étincelle – poêle – écureuil

La … rend la monnaie. – L'… fait des provisions de noisettes. – Le cuisinier casse des œufs dans la … . – Le bateau n'avance plus : l'… ne tourne pas. – Une simple … peut provoquer un incendie. – À la suite du vol, les policiers font une … .

181 Recopie ces mots et place les accents aigus oubliés.

une etoile	un debut	une idee	malgre
le ble	etrange	une echelle	un pieton
une epingle	verifier	reflechir	reunir

182 Recopie ces mots et place les accents graves oubliés.

la portiere	un modele	un siege	la levre
le systeme	une vipere	la lumiere	une fougere
la mere	un progres	un lievre	une planete

183 Recopie ces mots et place les accents circonflexes oubliés.

la tempete	une peche	la crete	gener
une tete	preter	une crepe	honnete
rever	un vetement	une arete	la grele

184 Recopie ces mots et place les deux accents oubliés.

la verite	un elephant	le telephone	un eleve
la melee	demenager	l'ete	la meteo
preferer	l'electricite	celebre	une ecoliere
un bebe	l'egalite	le benefice	reflechir

185 Recopie ces mots et place les accents circonflexes oubliés.

un ane	un pylone	un cable	un gateau
un baton	bientot	le trone	froler
un crane	un fantome	le platre	un roti

186 Recopie ces phrases et place les accents oubliés.

Tu recites une poesie. — Le pere de Nils deguste un fromage de chevre. — Cet ecran de cinema est toujours blanc. — La panthere se deplace en silence. — Je pose l'operation pour trouver la solution du probleme.

▶ **Vocabulaire à retenir** _____

l'été – la télévision – l'école – un élève

la mère – le père – le frère – une pièce

la tête – la fête – la forêt – rêver   le château – une île – le côté

Révisions : exercice 318, p. 96

25ᵉ Leçon — Le son [o] (o, eau, au, ô)

Règle

- Le **son** [o] peut s'écrire **o, eau, au, ô**.
  → un vélo – la beauté – un château – une faute – un hôpital
- Le **son** [ɔ] s'écrit souvent **o**.
  → une orange – la parole – former – abandonner
- Selon les régions, il est difficile de distinguer les sons [o] et [ɔ].

★ **187** **Recopie uniquement les mots dans lesquels tu entends le son [o].**

Manon prépare une sauce pour manger son artichaut. − Est-ce que tu sais jouer du piano ? − La voiture a fait un tonneau. − Cédric est le héros de nombreuses bandes dessinées. − Les maillots des joueurs français sont bleus. − Le roi est assis sur son trône.

★ **188** **Recopie ces phrases et complète avec les noms qui conviennent.**

somme – cérémonie – chose – cornes – horizon – mélodie

On aperçoit un voilier à l'… . − J'ai retenu la … de cette chanson. − As-tu vérifié la … de ces deux nombres ? − La … du mariage a eu lieu samedi matin. − Pour Élisa, monter à cheval est une … très naturelle. − Cet animal a des … très pointues.

★★ **189** **Recopie et complète ces mots avec eau ou o.**

un drap…	c…rrect	un rid…	un cage…t
un cham…	un abric…t	un ann…	un chari…t
un p…tage	un can… t	un roul…	un b…cal
un morc…	un sangl…t	un pinc…	un tric…t
b…coup	un r…cher	un berc…	un ch…c

190 Recopie et complète ces mots avec **eau** ou **au**.

un écrit…   un c…chemar   un noy…   un cerv…
un ét…   un cout…   un pré…   un taur…
un joy…   un mus…   un agn…   un tuy…

191 Recopie ces phrases et complète les noms avec le son [o].

Il ne faut pas confondre la grenouille et le crap…d. — Paul a mal au d…s ; il va chez le médecin. — En jouant au foot, nous avons cassé un carr… . — Il boit du sir…p de menthe au goul…t de la bouteille. — Je prends un peu de rep…s . — Lisa coiffe ses cheveux avec un band… . — Le cheval part au gal…p.

192 Recopie ces phrases et complète avec les mots qui conviennent.

(pause – pose)   Le menuisier … un parquet.
                 Après la …, je continuerai le parcours.
(peau – pot)   Tu ouvres le petit … de colle.
                 L'éléphant a une … très dure.
(seau – saut)   Le jardinier remplit son … d'eau.
                 Le kangourou fait un grand … .

193 Recopie ces phrases et complète les mots avec les lettres qui font les sons [o] ou [ɔ].

L'…truche est un ois… qui ne sait pas v…ler. — …jourd'hui, l'éc…le est fermée. — La piqûre des …rties est douloureuse. — La m…t… est arrêtée à c…té de l'…tobus. — Je n'ai jamais eu l'…ccasion d'aller au b…rd de la mer. — Le Petit Poucet a ch…ssé les b…ttes de l'…gre. — La princesse a une cour…nne en …r. — Tu poses une casser…le sur le réch…d.

▶ **Vocabulaire à retenir** _____

la rose – un fossé – un piano – poser
un soleil – propre – une pomme – solide
un morceau – un rouleau – un tableau – un rideau
une faute – pauvre – mauvais – un tuyau – une épaule

Révisions : exercices 319 et 320, p. 97

26ᵉ Leçon — Le son [e] (é, ée, er)

Règle

- À l'intérieur des mots, le **son** [e] s'écrit toujours **é**.
  → un vélo – spécial – un séjour
- À la fin des mots, le **son** [e] s'écrit :
  – **er** ou **é** pour les noms masculins ;
  → le danger – le plancher – le métier
  → le thé – le blé – un résumé
  – **ée** pour les noms féminins.
  → une journée – une poupée – la rangée
- **Exceptions :** la clé et plusieurs noms terminés par **-té** ou **-tié**.
  → la santé – la vérité – une qualité – la moitié

★ **194** Recopie le tableau et classe ces noms terminés par le son [e].

Noms masculins		Noms féminins	
Terminaison -er	Terminaison -é	Terminaison -ée	Terminaison -té

la volonté – l'idée – un évier – le défilé – de l'acier – le pavé – une gorgée – l'unité – le casier – le pré – le loyer – la fumée – une vallée

★ **195** Recopie ces mots et complète avec é ou er.

un terri…	un bless…	un ouvri…
la libert…	un quarti…	un jardini…
un escali…	une moiti…	l'amiti…

★ **196** Recopie ces mots et complète avec é ou ée.

un canap…	une bou…	une quantit…
une poup…	une chemin…	un côt…
un r…cit	un d…jeuner	un …lan
une fus…	une tourn…	un p…pin

★ **197** **Recopie ces phrases et complète avec les mots qui conviennent.**

mélange – agréable – défaut – véhicule

Ce … ne devrait pas stationner sur le trottoir. — La paresse est un vilain … . — Quand on … du jaune et du bleu, cela donne du vert. — Il est … de boire un verre de soda bien frais.

★★ **198** **Pour chaque nom de fruit, écris le nom de l'arbre ou de la plante qui correspond.**

la fraise → le fraisier

la mûre	la cerise	la prune	la pomme
la poire	l'amande	l'orange	la banane

★★ **199** **Trouve le nom terminé par -ée de la même famille que le mot proposé.**

le jour → la journée

un matin	l'an	entrer	arriver
penser	la gorge	un soir	le gel

★★★ **200** **Devinettes. Retrouve le métier qui correspond à ces définitions. Tous les noms se terminent par le son [e].**

Il fait cuire le pain.   → le bou . . . . . .

Il confectionne de savoureux gâteaux.   → le pât . . . . . .

Il éteint les incendies.   → le pom . . . .

★★★ **201** **Recopie ces phrases et complète les noms terminés par le son [e].**

Je trace un carr… sur une feuille de papi… . — Benoît recopie l'énonc… de l'exercice sur son cahi… . — Les enfants jouent à des jeux de sociét… . — Il y a de la bu… sur les vitres. — La curiosit… pousse Lisa à ouvrir ce coffret.

▶ **Vocabulaire à retenir** _____

une poupée – une journée / la moitié – la bonté – la liberté – l'égalité
un métier – le danger – un panier / le café – le thé – le blé – le canapé

Révisions : exercice 321, p. 97

27ᵉ
Leçon

Le son [ɛ]
(e, è, ê, ai, ei)

Règle

- Le **son** [ɛ] peut s'écrire de plusieurs façons :
  → – **è** : le progrès – une mère – une flèche
  – **ê** : une crêpe – un arrêt – la grêle
  – **ai** : la haie – le lait – français
  – **ei** : un peigne – une baleine – freiner

- – **e** devant une **double consonne** :
  des lunettes – un terrain – un effort

- – **e** devant une **consonne qui termine une syllabe** :
  un ob-jet – mer-ci – une ves-te

Comme il est difficile de choisir entre ces différentes écritures, il est prudent de consulter un dictionnaire.

★ **202** **Recopie le tableau et classe ces mots dans lesquels tu entends le son [ɛ].**

On écrit è.	On écrit ê.	On écrit ai.	On écrit ei.	On écrit e.

le palais – un permis – la peine – seize – une guêpe – beige – un souhait – modeste – une maison – un balai – le succès – la fête – la colère – la lecture – complète – gêner – le ciel

★★ **203** **Recopie uniquement les mots dans lesquels tu entends le son [ɛ]. Entoure les lettres qui font ce son.**

Daphné et Aurélie sont deux sœurs jumelles ; elles portent la même robe. – Le seigneur vivait dans le donjon de son château fort. – La violente tempête a arraché les tuiles des toits. – Sur les routes enneigées, on peut se déplacer en traîneau. – Après son biberon, le bébé s'endort dans son berceau. – L'avion atterrit en douceur.

204 Recopie ces mots et complète avec è ou ai.

la l…ne   un …gle   la gr…sse   le coll…ge
la lisi…re   une ar…gnée   un pi…ge   fid…le
m…gre   une plan…te   un po…me   un si…ge

205 Recopie ces mots et complète avec ê ou ei.

un b…gnet   la for…t   une p…che   la t…te
une ar…te   tr…ze   un r…ve   un p…gne
la r…ne   une enqu…te   une v…ne   une b…che

206 Recopie ces phrases et place les accents graves oubliés.

Angélique suit des cours de solfege. — Je cherche la premiere lettre de ce
mot. — Il y a beaucoup de pierres dans la carriere. — Mon frere colorie
son dessin. — Ce sentier se termine par une barriere ; nous n'irons pas
plus loin. — Mon pere se sert d'une pelle pour creuser un trou.

207 Recopie ces phrases et complète avec le mot qui convient.

(mètre – mettre)
Le menuisier utilise un … pliant. — Qui va … la table ?

(chêne – chaîne)
Mon chien Médor tire sur sa … . — Le … a perdu toutes ses feuilles.

(très – trait)
Ce … est trop épais. — Ce lutteur est vraiment … fort.

208 Devinettes. Tous les noms se terminent par le son [ε].

Avec elle, on écrit au tableau.   → la cr . . .
L'arbitre l'utilise pour donner le coup d'envoi.   → un siff . . .
On le trace avec une règle.   → le tr . . .
On le chante après le refrain.   → le cou . . . .
La caissière nous la rend.   → la monn . . .

▸ **Vocabulaire à retenir** _____

un balai – faible – baisser – la laine – maigre – la graisse
une araignée – la neige – la reine – freiner – un seigneur
un beignet – treize – peigner

Révisions : exercice 322, p. 97

28ᵉ Leçon
Les sons [y] et [u] (u) et (ou)

Règle

- Le **son** [y] (u) s'écrit toujours **u**.
  → durer – la purée – une fusée
- Il y a quelquefois un **accent circonflexe** sur le **u**.
  → des fruits mûrs – une bûche
- Le **son** [u] (ou) s'écrit toujours **ou**.
  → une mouche – une brouette – souvent
- Il y a quelquefois un **accent circonflexe** sur le **u**.
  → la croûte – le goûter

★ **209** Recopie ces phrases et complète avec les mots qui conviennent. Entoure les lettres qui font le son (u).

butinent – fortune – surpris – ruche – nature – costume

Il faut protéger la … . – Pour le carnaval, Justine porte un … de marquise. – Les abeilles … les fleurs et retournent à la … . – Le tour de magie a été si rapide que les spectateurs sont … . – La … de l'oncle Oscar est immense.

★ **210** Recopie ces phrases et entoure les mots dans lesquels tu entends le son (ou).

Ce chemin est boueux. – Tu as fait un mouvement brusque. – Sabine a offert un bouquet de tulipes à sa maman. – Ce remède soulagera ta douleur. – Au mois d'août, nous sommes en vacances. – Abdel savoure sa glace.

★★ **211** Recopie ces mots et complète avec u ou ou.

du s…cre	une r…te	une pl…me	un m…lin
un m…let	c…per	p…voir	la m…sique
t…rner	un n…age	la p…dre	la fig…re
un j…et	une …sine	un s…venir	sal…er

212 Recopie ces phrases et complète avec les noms suivants qui se terminent par le son (u).

grue – intrus – rébus – menu – début

Les dessins vous aident à trouver ce … . – Le … des repas de la semaine est affiché au restaurant scolaire. – Nous avons manqué le … de l'émission. – Il y a une énorme … sur le chantier. – Dans cette liste de mots, il faut trouver l'… .

213 Recopie ces phrases et complète avec les noms suivants qui se terminent par le son (ou).

caillou – bout – roue – clou – goût – verrou – caoutchouc – toux

L'infirmerie se trouve au … du couloir. – La … arrière droite du camion est dégonflée. – Le pêcheur a des bottes en … . – Pour calmer sa …, Tony boit du sirop. – Pour enfoncer un …, tu prends un marteau. – Pour fermer le portail, je tourne le … . – Thomas boite : il a un … dans sa chaussure. – Les épices donnent du … aux plats.

214 Recopie et entoure dans chaque phrase le seul mot dans lequel tu entends le son (u).

La fumée nous fait tousser. – Ce jeune enfant joue avec ses cubes. – Lorsqu'il fait jour, j'éteins la lumière. – Il faut toujours soigner son écriture. – Il n'y a plus de feu dans la cheminée ; il fait froid. – Le jeudi, beaucoup d'élèves restent à l'étude.

215 Recopie et entoure dans chaque phrase le seul mot dans lequel tu entends le son (ou).

Il paraît que la soupe fait grandir les enfants. – Chaque semaine, je reçois un journal. – C'est dangereux de toucher les fils électriques. – Il ne faut pas parler la bouche pleine. – Le jardinier creuse un trou pour planter un prunier.

▶ **Vocabulaire à retenir** ──────────────

la rue – la vue – la fumée – la grue – une plume – réunir
la route – pouvoir – la soupe – la bouche – louer – le jour

Révisions : exercice 323, p. 97

29e Leçon

Les sons [b] et [p]
(b) et (p)

Règle

- Oralement, on peut confondre les **sons** [b] et [p] qui sont parfois très proches.
  → boire – une poire   beau – la peau

- Attention ! les lettres **b** et **p** peuvent être suivies d'une consonne.
  → une brune – une prune   blanche – une planche

L'écriture permet de bien faire la différence.

★ **216** Recopie ce tableau et classe les mots suivants.

On entend le son [b].	On entend le son [p].

un chapeau – une table – un lapin – fabriquer – une brique – une balance – pouvoir – la soupe – le sable – réparer – un tube – une écharpe – agréable – planter – respirer – une cabine – courber – rapide – un bouton – une robe – un coupon – la bouche – un boxeur

★★ **217** Recopie ces mots et complète avec **b** ou **p**.

cou…er	un ta…leau	ra…attre	un …arent
un …ays	une lam…e	tom…er	un micro…e
un cra…e	une tuli…e	immo…ile	cour…er
un sa…in	une ca…ane	un fau…ourg	le dé…art

★★ **218** Recopie ces expressions et complète les mots avec **b** ou **p**.

lancer une …alle en …lastique	admirer le …ec du …erroquet
…asser sur un …ont de …ois	ouvrir un …aquet de …iscuits
décou…er une …ande de …a…ier	…ayer avec des …illets
res…ecter l'ar…itre de la …artie	…orter des …askets neuves
grim…er sur une …ranche	…ercer sa …ou…ée

219 Recopie ces phrases et complète les mots avec **bl** ou **pl**.

La mer est d'une couleur …eue. − Comme il …eut, prends ton para…uie. − Les Suédois ont souvent les cheveux …onds. − L'architecte a dessiné les …ans d'un immeuble. − Ces joueurs portent des maillots …ancs. − Les fromages sont disposés sur un …ateau. − Sur la …age, les enfants font des châteaux de sa…e.

220 Recopie ces phrases et complète les mots avec **br** ou **pr**.

Le …emier décem…e, il a neigé. − Il fait bon se …omener à l'om…e des platanes. − La cham…e de Céline est toujours très …o…e. − Les vaches …outent l'herbe tendre de la …airie. − Aminata porte un …acelet au …as gauche.

221 Recopie ces phrases et complète avec les mots qui conviennent.

(bain – pain)   Souhila prend un … . − Je mange du … complet.

(boule – poule)   Tu lances la … . − La … pond un œuf.

(boisson – poisson)   Le soda est une … très sucrée. − Le brochet est un … carnivore.

222 Recopie ces phrases et complète avec les mots qui conviennent.

pêche – bêche – parque – barque – basse – passe

Le jardinier retourne le sol à l'aide d'une … . − Dans le salon, les verres sont posés sur une table … . − Préfères-tu manger une … ou une nectarine ? − Il ne faut pas s'aventurer en mer sur une petite … . − Sébastien … le ballon à son coéquipier. − Avant la nuit, le berger … ses moutons dans l'enclos.

▸ **Vocabulaire à retenir** ─────────────────────────

une robe – la barbe – un arbre – brave – libre – le sable – la table
une poire – propre – pauvre – pénible – reporter – le départ
un chapeau – du pain – une pomme

Révisions : exercice 324, p. 97

Orthographe

30ᵉ
Leçon

Les sons [d] et [t]
(d) et (t)

Règle

- Oralement, on peut confondre les **sons** [d] et [t] qui sont parfois très proches.
  → une boîte vide – courir vite
  → prendre une douche – une touche de piano
- Attention ! les lettres **d** et **t** peuvent être suivies d'une consonne.
  → la poudre – une troupe
- L'écriture permet de bien faire la différence.

★ **223** **Recopie ce tableau et classe les mots suivants.**

On entend le son [d].	On entend le son [t].

le carton – un soldat – la liberté – céder – la fête – vider – la fuite – une idée – madame – un métier – le code – une fontaine – des pâtes – conduire – la nature – protéger – un détail – grande – une corde – le retour – samedi – prendre – doux – le monde – un gendarme – véritable – la route – un diable – une minute

★ **224** **Recopie ces mots et complète avec d ou t.**

un sol…at	un gar…ien	sou…enir	une frian…ise
un …ableau	un chan…eur	un jar…in	un mala…e
ven…re…i	visi…er	la sala…e	la for…une

★ **225** **Recopie ces expressions et complète les mots avec d ou t.**

…écoller un …imbre-pos…e

…remper une …ar…ine dans le lait

ré…iger une or…onnance

s'arrê…er au …euxième é…age

ache…er un …isque

…raverser le …ésert

…épasser les limi…es

u…iliser un co…on-…ige

226 **Recopie ces phrases et complète les mots avec dr ou tr.**

Cet appartement est à ven…e. — Il y a de la potion magique dans son chau…on. — À la fin de la récréation, les élèves sont ren…és en classe. — Je …emble de froid. — Quel est le ti…e de ce livre ?

227 **Recopie ces phrases et complète avec les mots qui conviennent.**

(monde – monte)

Qui a fait le tour du … en ballon ? — Le campeur … sa tente.

(pédales – pétales)

La tulipe a perdu ses … . — Je pose mes pieds sur les … .

(dire – tire)

Le chien … sur sa laisse. — Jordan doit … la vérité.

228 **Recopie ces phrases et complète avec les mots qui conviennent.**

tonne – donne – ton – don – dette – tête

Ce coureur a pris la … du peloton. — L'orage n'est pas loin ; il … déjà. — Nous avons fait un … pour les enfants victimes de la guerre. — Quand on a une …, il faut la rembourser. — Adèle … des cours de piano. — Tu enfiles … maillot de bain.

229 **Recopie ces phrases et complète avec les mots qui conviennent.**

tresser – dresser – porte – corde – trois – droits

On mesure les angles … avec une équerre. — Pour … les ours, il faut beaucoup de patience. — Veux-tu sauter à la … ? — Seuls les … premiers de la course ont reçu une médaille. — Laure est en train de … de la laine. — En sortant, n'oublie pas de fermer la … .

▶ **Vocabulaire à retenir** ―――――――――――――――――

la nature – le matin – triste – retenir – la suite – rester – une tartine
l'étude – un ordre – regarder – le monde – un diable – produire
le directeur – une droite – détourner – éteindre

Révisions : exercice 325, p. 98

Les sons [s] et [z]
(s, ss, c, ç, t) et (s, z)

Règle

- Le **son** [s] peut s'écrire :
  - **s** : rester – le silence
  - **ss** entre deux voyelles : passer – une bosse – réussir
  - **c** devant les voyelles **e, i, y** : mince – certain – un cycle
  - **ç** devant les voyelles **a, o, u** : français – un hameçon – un reçu

- Quelquefois, le son [s] s'écrit **t** devant la voyelle **i** :
  → la solution – l'éducation – l'acrobatie

- Le **son** [z] peut s'écrire :
  - **z** : le bazar – onze – un zèbre
  - **s** seulement entre deux voyelles : la prison – une rose

★ **230** **Recopie ce tableau et classe les mots suivants.**

On entend le son [s].	On entend le son [z].

le tissu – une dizaine – un espoir – une farce – glissant – bizarre – quinze – une gazelle – une prise – danser – une balançoire – la visite – un message – une semaine – peser – merci – désobéir – une maison – une demoiselle – un geste – une façade – un oiseau – treize – un commerçant – la force

★ **231** **Recopie le tableau et classe ces mots dans lesquels tu entends le son [s].**

On écrit s.	On écrit ss.	On écrit c.	On écrit ç.	On écrit t.

l'attention – le cinéma – un glaçon – puissant – la végétation – la brasse – la récréation – un signe – penser – une rançon – cinq – une dispute – le centre – déçu – le buisson – un cercle – une réponse – aussitôt – une trace – un citron – une finition

★ 232 Recopie ces phrases et complète avec les mots
qui conviennent.

(coussin – cousin)

Mon … habite à Grenoble. – La chatte dort sur un … .

(dessert – désert)

Je n'ai pas fini mon … . – La caravane est perdue dans le … .

★ 233 Recopie ces groupes de mots et complète avec s ou ss.

la maître…e du CE1   un co…tume de clown
un poi…on mortel   une trou…e d'écolier
un poi…on d'eau douce   une cui…e de poulet

★ 234 Recopie ces mots et complète avec c ou ç.

un gar…on   un …itron   la le…on   une ra…ine
dé…embre   un rempla…ant mena…ant   une …entaine

★ 235 Recopie ces expressions et complète les mots
avec l'écriture du son [s] qui convient.

des chau…ures de …ki   pou…er un cri per…ant
re…evoir un bon con…eil   re…ter à sa pla…e

★ 236 Recopie ces expressions et complète les mots
avec l'écriture du son [z] qui convient.

regarder la télévi…ion   vi…iter un …oo
barrer tous les …éros   travailler dans une u…ine
écouter de la mu…ique   tondre le ga…on

★ 237 Recopie ces phrases et complète les mots
avec l'écriture des sons [s] ou [z] qui convient.

On a…i…te au départ de la fu…ée. – Le tireur vi…e la …ible. –
Léo arro…e la …alade. – L'e…cargot se cache dans la mou…e. –
Tu t'appuies au do…ier de la chai…e.

▶ Vocabulaire à retenir ──────────────────────

suivre – une course – une place – le ciel – une leçon – le français
la classe – pousser – une maison – un oiseau – la récréation

Révisions : exercices 326 et 327, p. 98

Orthographe

32ᵉ Leçon

Les sons [m] et [n] (m) et (n)

Règle

- Oralement, on peut confondre les **sons** [m] et [n] qui sont parfois très proches.
  → une main – un nain une miche de pain – la niche du chien

- L'écriture de ces deux lettres est également très proche. Il faut bien les former pour ne pas les confondre.

- Attention ! lorsqu'on voit **m** ou **n**, on n'entend pas toujours [m] ou [n].
  → tomber – trembler – le ravin – ils chantent – un chaton

★ **238** **Recopie ce tableau et classe les mots suivants.**

On entend le son [m].	On entend le son [n].

parmi – garni – un canapé – une mâchoire – un roman – une cuisine – des lunettes – un dimanche – une armure – un canard – un camarade – un costume – la lumière – la limite – la farine – la peine – la fumée – une caverne – une fenêtre – sinon

★★ **239** **Recopie ces mots et complète avec m ou n.**

un re…ard   un ca…ion   une pal…e   une pru…e
la vitri…e   ve…ir   dor…ir   u…ique
un che…in   une réu…ion   sa…edi   un ca…al

★★ **240** **Recopie ces phrases et complète les mots avec m ou n.**

Antoi…e a de la pei…e et sa …a…an le console. – Le di…anche, Bastien porte une …agnifique che…ise blanche. – Le bruit que fait cette …achi…e n'est pas …or…al. – Les …u…éros que j'ai joués …e sont ja…ais sortis. – Est-ce que tu vois …ieux avec tes …ouvelles lu…ettes ?

241 Recopie ces phrases et complète avec les mots qui conviennent.

(mord – nord)

La boussole indique la direction du … . – Ce chien ne … jamais.

(mouilles – nouilles)

Je fais cuire des … . – Tu … le bas de ton pantalon.

(mon – nom)

Quel est le … de cette rue ? – Je recopie … résumé.

242 Recopie ces phrases et complète avec les mots qui conviennent.

moi – noix – mourir – nourrir – naître – mettre – anis – amis

Pour marcher dans la boue, il faut … des bottes. – Aimes-tu les gâteaux aux … ? – Promis, je garderai ce secret pour … . – Si on ne l'arrose pas, cette plante va … . – Tu joues au *Mémory* avec tes … . – Farida achète des graines pour … ses perruches. – L'… est une plante parfumée. – Trois chatons viennent de … .

243 Recopie et entoure dans chaque phrase le seul mot dans lequel tu entends le son [m].

Les campeurs montent leur tente à l'ombre. – Je change de maillot car j'ai transpiré. – Victor a heurté la marche et il est tombé sur le genou. – Quand il fait sombre, tu allumes la lampe.

244 Recopie et entoure dans chaque phrase le seul mot dans lequel tu entends le son [n].

Au mois de janvier, les nuits sont plus courtes qu'en juin. – Les prés et les champs sont inondés depuis lundi. – Ces journaux sont imprimés en couleurs. – La maîtresse invente chaque jour une histoire. – Morgane demande son chemin à la passante.

▶ **Vocabulaire à retenir** _____

une plume – la maladie – un meuble – la musique – remarquer
le fromage – revenir – une cabine – un nuage – un nid

Révisions : exercice 328, p. 98

33ᵉ
Leçon

Les sons [f] et [v]
(f, ph) et (v)

Règle

- Oralement, on peut confondre les **sons** [f] et [v] qui sont parfois très proches.
  - → une petite fille – une grande ville
  - → un faux bourdon – un petit veau

- Les lettres **f** et **v** peuvent être suivies d'une consonne.
  - → des légumes frais – de vrais bijoux

- L'écriture permet de bien faire la différence.

- Attention ! le **son** [f] s'écrit parfois ph.
  - → une pharmacie – un dauphin – un paragraphe

★ **245** **Recopie ce tableau et classe les mots suivants.**

On entend le son [f].	On entend le son [v].

suivre – parfait – la vapeur – un éléphant – la vigne – la rivière – enfermer – trouver – un navire – un voisin – une fraise – enfin – sauver – la surface – profiter – la viande – un bœuf – le téléphone – un voyage – souffler

★ **246** **Recopie ces mots et complète avec f ou v.**

de…ant   une …alise   pro…ond   la preu…e
un na…et   la …amille   ré…léchir   li…rer
…aire   un pa…é   …urieux   un en…ant

★ **247** **Recopie ces expressions et complète avec f ou v.**

…ouiller dans la ca…e   tra…erser une …orêt
…ermer les …olets   avoir …aim et soi…
porter une …este neu…e   re…oir un …ieux …ilm
casser un œu… dans la …arine   …éri…ier son tra…ail

248 Recopie ces phrases et complète les mots avec f ou v.

Les élèves du CM1 …ont au gymnase. − Les randonneurs arri…ent au re…uge. − Le capitaine du na…ire a é…ité le nau…rage. − Votre …isite m'a …ait plaisir. − Les majorettes dé…ilent de…ant la …oule admirati…e.

249 Recopie ces phrases et complète les mots avec fr ou vr.

Sans gants, nous avons …aiment très …oid. − Nous faisons un exercice de notre li…e de …ançais. − Corentin …once les sourcils et pince les lè…res. − Les histoires de sorcières me donnent des …issons. − Pour …anchir le torrent sans te mouiller, tu sui…as ce chemin. − Romain se dépêche d'ou…ir son cadeau.

250 Recopie ces phrases et complète avec les mots qui conviennent.

(font – vont)

Mes parents … leurs courses le samedi. — Les enfants … à la piscine.

(fer – ver)

Le pêcheur a mis un … de terre à son hameçon. — Ce poteau est en … .

(fois – vois)

Tu ne … pas le temps passer. — J'ai repris deux … du dessert.

(feux – veux)

Tu … manger des épinards. − Il y a des … tricolores aux carrefours.

251 Recopie ces phrases et complète avec les mots qui conviennent.

fâche – finir – venir – fous – vous

Les premiers concurrents courent comme des … . − Un collectionneur de timbres va … nous montrer sa collection. − Célia a bon caractère ; elle ne se … jamais. − À la bibliothèque, … lisez des bandes dessinées. − Je viens juste de … mon travail.

▶ **Vocabulaire à retenir** ——————————————

un livre – la rivière – la vigne – un devoir – revenir – la cave – le facteur
une ferme – le feu – la famille – une fille – la fortune – un fleuve

Révisions : exercice 329, p. 98

Orthographe

34ᵉ Leçon

Les sons [ʃ] et [ʒ] (ch) et (j, g, ge)

Règle

- Oralement, on peut confondre les **sons** [ʃ] et [ʒ] qui sont parfois très proches.
  → un chou – une joue   une chambre – une jambe
- Le **son** [ʃ] s'écrit **ch** :
  - une vache – un château – la mâchoire – un cheval
- Le **son** [ʒ] peut s'écrire :
  - **j** : le jeu – jaune – le donjon – juste
  - **g** devant **e**, **i**, **y** : la neige – une girafe – un gymnase
  - **ge** devant **a**, **o** : la vengeance – une nageoire

★ **252** **Recopie ce tableau et classe les mots suivants.**

On entend le son [ʃ].	On entend le son [ʒ].

un boucher – un ange – la justice – charmant – un géant – un cageot – un choc – une jument – un général – la chance – ravager – un chef – un chapitre – une hache

★ **253** **Recopie ce tableau et classe ces mots dans lesquels tu entends le son [ʒ].**

On écrit j.	On écrit g.	On écrit ge.

un objet – la géographie – déranger – des jumelles – la végétation – surgir – jeudi – une majuscule – la plage – un bougeoir – le genou – rejoindre – joyeux – mélanger – généreux – jamais – un engin – un gilet – un bourgeon – un dirigeant

★ **254** **Recopie ces mots et complète avec ch ou j.**

…ongler	le …ardin	…aune	une ma…ine
une …anson	un ob…et	un …ariot	la …ance

255 Recopie ces mots et complète avec ch ou g.

un ...endarme   une clo...e   a...iter   une plan...e
un ...antier   parta...er   a...eter   fra...ile
...entil   le ...arbon   une ima...e   un ...iffon

256 Recopie ces phrases et complète avec les mots qui conviennent.

(cache – cage)

Maman ... les cadeaux. – Au cirque, les lions sont en ... .

(chêne – gêne)

Cette voiture ... la circulation. – Le bois de ... est très résistant.

(bouchons – bougeons)

Les ... sont en liège. – Pour nous dégourdir, nous ... les jambes.

257 Recopie ces phrases et complète les mots avec ch, g ou ge.

En man...ant de la viande ha...ée, Nina s'est mordu la langue ! – Il faut ran...er ces ...iffres du plus petit au plus grand. – La ...elée de la nuit dernière a détruit les bour...ons. – On range les tor...ons sur une éta...ère de la cuisine. – Le ma...icien a ...angé la souris en pi...on.

258 Recopie ces phrases et complète avec ces mots dans lesquels tu entends le son [ʒ].

plongeon – trajet – argent – jeudi – courageux – majeur – nageur

Ce ... a battu le record du monde. – Le ..., un professeur de musique vient en classe. – José effectue un superbe ... dans le grand bassin. – Le ... est le plus long des doigts. – Le ... chevalier tue le dragon. – As-tu assez d'... pour payer ce magazine ? – Maxime fait le ... entre son immeuble et l'école en cinq minutes.

▶ **Vocabulaire à retenir** _____

une vache – une chemise – un cheval – déchirer – la niche
le jardin – jeune – le déjeuner – le sujet – le journal
rouge – sage – une image – la cage

Révisions : exercice 330, p. 98

Orthographe

Le son [k]
(c, qu, k)

Règle

- Le **son** [k] peut s'écrire :
  - **c** seulement devant **a**, **o**, **u** ou une **consonne** :
  casser – le courage – reculer – la classe – la crème
  - **qu** : la musique – quatre – l'équilibre – quotidien
  - **k** : le kilogramme – un anorak – le parking

- Comme il est difficile de choisir entre ces différentes écritures,
  il est prudent de consulter un dictionnaire.

⋆ **259** **Recopie ce tableau et classe ces mots dans lesquels**
tu entends le son [k].

On écrit c.	On écrit qu.	On écrit k.

un masque – un parc – un kilomètre – une colonne – recoudre –
un skieur – le public – un docteur – marquant – le karaté – lequel –
quatorze – le basket – un képi – quand

⋆⋆ **260** **Recopie ces phrases et entoure les mots dans lesquels**
tu entends le son [k].

Anaïs se repose sur le canapé du salon. – Le judoka porte un kimono
blanc. – Avant l'émission, les actrices se maquillent. – Les dents du
requin sont redoutables. – Cette année, la récolte de haricots sera
abondante.

⋆ **261** **Recopie ces mots et complète avec** c **ou** qu.

un pa...et   un ...ube   cin...ante   une ...estion
une ...arte   lors...e   un mar...is   la ...our
ra...onter   une ra...ette   le ...ai   une ...eue
une ...antité   une bara...e   un ...ouloir   un abri...ot

262 Recopie ces phrases et complète les mots avec c, qu ou k.

Le …osmonaute a fait une sortie dans l'espace. − À la …ermesse du …artier, nous avons pêché à la ligne. − Prendras-tu une pizza ou une …iche lorraine ? − Le perro…et est un oiseau bavard.

263 Remplace la lettre en gras du mot entre parenthèses par c ou qu pour trouver le mot qui complétera chaque phrase.

(**f**ête)   → On fait la **quête** pour les enfants malades.
(**p**anne)   → Cette vieille personne marche avec une … .
(**m**ouche) → L'ouvrier passe une … de peinture sur les murs.
(**b**illes)   → Tu renverses les … avec une seule boule.
(**p**our)   → Nous jouons dans la … de récréation.

264 Recopie ces phrases et complète avec un mot que tu formeras avec les lettres en désordre.

a − t − r − q − e − u   → Dans un jeu de cartes, il y a **quatre** couleurs.
c − u − e − s − r   → Il met un morceau de … dans son café.
i − l − k − o   → Nasser achète un … de pommes.
i − w − k − i   → Le … est un fruit délicieux.
c − o − t − s − e − n   → Les enfants adorent les … de fées.
z − e − q − u − n − i   → La sœur de Louna est âgée de … ans.

265 Devinettes. Dans tous les noms, on entend au moins deux fois le son [k].

C'est la maison de l'escargot.   → la . o . . ille
Le motard doit toujours en porter un.   → un . as . . e
C'est un animal de basse-cour à la crête rouge.   → un . o .
Cet instrument effectue rapidement les opérations. → une . al . ulatrice
C'est un animal à la mâchoire redoutable.   → un . ro . odile
Cette fleur rouge pousse dans les champs de blé. → un . o . . eli . ot

▶ **Vocabulaire à retenir** ─────────────────────

une carte − cultiver − un article − un carton − le couloir − une caisse
une brique − une raquette − un casque − la qualité
un kilo − le parking − le ski

Révisions : exercice 331, p. 99

Le son [g] (g, gu)

Règle

- Le **son** [g] peut s'écrire :
  - **g** devant les voyelles **a**, **o**, **u** et les consonnes **l** et **r** :
    → regarder – une goutte – régulier – une règle – le gruyère
  - **gu** devant les voyelles **e** et **i** :
    → une bague – un guide – un figuier
- Attention ! si on oublie de placer le **u** devant **e** et **i**, on obtient le **son** [ʒ].

★ **266** **Recopie ces mots et entoure les lettres qui font le son [g].**

le golf	une blague	se déguiser	le goudron
augmenter	un garage	élégant	une graine
une bagarre	une glace	graisser	une anguille

★ **267** **Recopie ce tableau et classe ces mots dans lesquels tu entends le son [g].**

On écrit g.	On écrit gu.

un ragoût – glisser – la guerre – un guichet – une grue – un aigle – la longueur – un gant – grimper – la langue – guérir – le gouffre – un guépard – une agrafe – déguiser

★ **268** **Recopie ces phrases et souligne les mots dans lesquels tu entends le son [g].**

La guimauve est une friandise appréciée des enfants. – As-tu déjà assisté à un spectacle de Guignol ? – Les aveugles lisent avec leurs doigts. – Certains élèves écrivent de la main gauche. – La virgule est un signe de ponctuation. – La mangue est un fruit délicieux. – L'entrée du château est fermée par une lourde grille.

269 Recopie ces mots et complète avec **g** ou **gu**.

un …âteau	un …renier	une ci…ogne	une mar…erite
un dra…on	une al…e	une di…e	une piro…e
une …ondole	un …roupe	un …lobe	une …omme

270 Recopie ces expressions et complète les mots avec **g** ou **gu**.

marcher sur le …azon   conju…er un verbe
…onfler les pneus du vélo   …érir rapidement
placer des …irlandes sur le sapin   entrer dans le ma…asin
verser une …outte d'eau   jouer de la …itare
trouver une fève dans la …alette   être bercé par les va…es

271 Recopie ces phrases et complète les mots avec **g** ou **gu**.

À l'approche de Noël, Nathan re…arde un catalo…e de jouets. —
Le rectan…le est une fi…ure de quatre côtés. — Le motard met
des …ants pour tenir son …idon. — Lionel …oûte cette soupe de
lé…umes. — Le cheval n'est pas fati…é ; il part au …alop.

272 Recopie ces phrases et complète les mots avec **g** ou **gu**.

La fumée des ci…arettes provoque de …raves maladies. — Le druide
…aulois cueillait du …i. — Le …orille est le plus …rand de tous les
singes. — Comme dessert, veux-tu un …âteau ou une …lace ? — Papa
…ette l'arrivée du facteur. — Ce plat de pâtes n'a pas de …oût.

273 Devinettes. Dans tous les noms, on entend le son [g].

Celle de la fée est magique.   → la ba . . ette
C'est un bijou que l'on porte au doigt.   → la ba . . e
Cet engin transporte de lourdes charges.   → une . rue
Avec elle, on efface les traits de crayon.   → la . omme
La piqûre de cet insecte est douloureuse.   → la . . êpe

▶ **Vocabulaire à retenir** —————————————————————

la gare – le gardien – la figure – aveugle – la gauche – un wagon
la langue – la guitare – la fatigue – guider – naviguer – la longueur

Révisions : exercice 332, p. 99

Orthographe

37ᵉ Leçon

Le son [ã] (an, en, am, em)

Règle

- Le **son** [ã] peut s'écrire :
  - **an** : une chanson – dimanche – un divan
  - **en** : sentir – souvent – comprendre
- Le **son** [ã] peut également s'écrire **am** et **em** (voir leçon 39, page 88).
- Comme il est difficile de choisir entre ces différentes écritures, il est prudent de consulter un dictionnaire.

★ **274** Recopie ce tableau et classe ces mots dans lesquels tu entends le son [ã].

On écrit an.	On écrit am.	On écrit en.	On écrit em.

le plancher – novembre – semblable – un aliment – la campagne – la température – le ventre – un banc – une angine – un pantalon – un tambour – la viande – le printemps – commencer – la jambe – un ruban – une lampe – prudent

---

★ **275** Recopie ce tableau, classe les mots suivants et entoure les lettres qui font le son [ã].

Famille de « chanter »	Famille de « dent »	Famille de « avant »	Famille de « vendre »

le chant – le dentiste – devant – la vente – le dentier – chantonner – un vendeur – le dentifrice – devancer – la chanson – un invendu – la devanture – la dentition – avancer – édenté – une chanteuse – une vendeuse – une chansonnette – invendable – la dentelle – un revendeur – l'avance – un chanteur

276 Recopie ces phrases et entoure les mots dans lesquels tu entends le son [ã].

L'éléphant trempe sa trompe dans la rivière. — Le marchand vend des champignons. — Un ouragan est une tempête très violente. — Un étrange fantôme entre en silence dans la chambre de la princesse. — Il y a encore du flan à la vanille pour les gourmands. — Les campeurs plantent leur tente au bord d'un étang.

277 Recopie et complète ces mots avec an ou en.

le v…t	l'alim…tation	…tourer
m…ger	prud…t	ch…ter
la b…que	ded…s	m…tir
le pl…cher	p…dre	le sil…ce

278 Recopie et complète ces mots avec am ou em.

le c…ping	déc…bre	la t…pérature
c…per	le t…ps	ens…ble
…murer	ress…bler	…porter
une …bulance	la l…pe	…mener

279 Recopie ces phrases et complète les mots avec le son [ã].

Le tri…gle est une figure qui a trois côtés. — Le matin, je bois un jus d'or…ge. — Mandy s'installe sur la bal…çoire de la cour. — Dans la région, il y a beaucoup de volc…s.

280 Recopie ces mots et complète avec l'écriture du son [ã] qui convient.

une ch…delle	appr…dre	un p…da	un écr…
la d…se	le j…bon	…brasser	r…plir
qu…d	une m…che	une c…taine	une …veloppe

▶ **Vocabulaire à retenir** _____

maman – une plante – une branche – manger – grand – un fantôme
un menteur – un parent – rendre – une dent – vendre – prendre

Révisions : exercice 333, p. 99

38ᵉ Leçon

Le son [ɛ̃]
(in, im, ein, ain, en, aim)

Règle

- Le **son** [ɛ̃] s'écrit très souvent :
  - **in** : invisible – pincer – un dindon
  - **ain** : certain – un copain – maintenant
  - **ein** : une ceinture – atteindre – la teinture

- Il y a quelques mots avec des écritures particulières :
  → la faim – le tympan – bien – un moyen

- Le **son** [ɛ̃] peut également s'écrire **im** (voir leçon 39, page 88).

- Comme il est difficile de choisir entre ces différentes écritures, il est prudent de consulter un dictionnaire.

★ **281** Recopie ce tableau et classe ces mots dans lesquels tu entends le son [ɛ̃].

On écrit in.	On écrit ain.	On écrit ein.	On écrit en.

cinq – demain – la faim – un terrain – un pinceau – une feinte – un nain – une épingle – un rein – un gratin – un lutin – un écrivain – craindre – peindre – un bambin – un examen – du boudin – un gradin – mince – aérien – un forain

★ **282** Recopie ces phrases et complète avec les mots qui conviennent. Entoure les lettres qui font le son [ɛ̃].

main – appartient – instrument – vainqueur – frein – olympiques – lointain – vaccin

Aux Jeux …, le … de la course reçoit une médaille d'or. – On aperçoit un voilier dans le … . – Ce cahier … à Gabriel. – Un … nous protège contre des maladies. – Le violoniste prend soin de son … . – Le conducteur oublie de serrer le … à … .

283 Recopie ces phrases et complète avec les mots qui conviennent.

(faim – fin)

La … du film est bien triste. — Je meurs de … !

(pain – pin)

Ce meuble est en … . — Tu coupes un morceau de … .

284 Recopie ces phrases et complète les mots avec les lettres qui font le son [ɛ̃].

Le mar… nettoie son bateau. — Lola offre des pat…s à son neveu. — Monsieur Martin soigne son jard… potager. — Yasmine nage dans le grand b… . — Ce mat…, nous avons appris une poésie.

285 Recopie ces groupes de mots et complète avec **in** ou **ain**.

un lap… blanc   un proch… jour   un pays …connu
le mois de ju…   les wagons du tr…   un rav… profond
un gai refr…   un moul… à vent   un vil… gam…

286 Écris au masculin les mots en gras.

une grande **musicienne**   → un grand musicien

une ville **souterraine**   → un passage …
une tente **indienne**   → un chef …
une célèbre **magicienne**   → un célèbre …
une proche **voisine**   → un proche …
une artiste **italienne**   → un chanteur …

287 Recopie ces groupes de mots et complète avec **in** ou **ein**.

la p…ture à l'eau   un magas… de jouets   une c…ture noire
un pouss… jaune   un verre pl…   un gros chagr…
ét…dre la lumière   un pr…ce charmant   du rais… blanc

▸ **Vocabulaire à retenir** _____

un lapin – un moulin – un chemin – un prince – le linge – invisible
la main – le pain – demain – un copain – craindre
la peinture – la ceinture – atteindre

Révisions : exercice 334, p. 99

Orthographe

39ᵉ Leçon — m devant b, m, p

Règle

- **Devant les lettres b, m, p, il faut écrire m au lieu de n.**
  - → la jambe – sombre – un timbre
  - → emmener – emménager – emmêler
  - → un champion – une pompe – simple
- **Exceptions :** un bonbon – une bonbonne

★ **288** **Recopie et complète ces mots avec m ou n.**

le do…pteur	e…registrer	le mo…de	re…plir
un e…ploi	une fo…taine	co…battre	bo…jour
to…ber	i…portant	un ta…bour	nove…bre
étra…ge	co…pter	le plafo…d	la cha…bre

★★ **289** **Recopie ces phrases et complète les mots avec m ou n.**

Le si…ge gri…pe aux arbres. — Il fait rire les e…fa…ts. — La famille Léon passe ses vaca…ces à la ca…pagne. — Je suce un bo…bon à la me…the. — Au petit déjeuner, pre…dras-tu de la co…pote ou de la co…fiture ? — Le no…bre vi…gt s'écrit avec deux chiffres.

★★★ **290** **Écris le contraire de ces mots en ajoutant in ou im au début.**

correct → **in**correct

buvable	poli	pair	connu
cassable	complet	certain	prudent
pur	mangeable	patient	visible

▶ **Vocabulaire à retenir** ⎯⎯⎯⎯⎯⎯⎯⎯⎯⎯⎯⎯⎯⎯⎯⎯⎯⎯⎯

la chambre – la jambe – la campagne – un timbre – important
imposer – un emploi – trembler – ensemble
un compagnon – tomber – sombre

Révisions : exercice 335, p. 99

ian et ain – ien et ein
ion et oin

Règle

- Selon la place du **i**, certains groupes de lettres font des sons différents :
  - **ian** → [jɑ̃] : la confiance – un mendiant – une friandise
  - **ain** → [ɛ̃] : un copain – demain – maintenant
  - **ien** → [jɛ̃] : un chien – ancien – combien
  - **ein** → [ɛ̃] : les freins – la ceinture – peindre
  - **ion** → [jɔ̃] : un lion – un champion – un avion
  - **oin** → [wɛ̃] : moins – rejoindre – un point

Orthographe

291 **Recopie ces phrases et complète les mots avec ian ou ain.**

Le prince a rencontré sa f…cée au palais du roi. – Le cuisinier a mis des gr…s de maïs dans la salade. – Ce drapeau a la forme d'un tr…gle. – Je préfère le poisson à la v…de. – Au camping, nous utilisons des chaises pl…tes. – Jean-Baptiste s'est tordu la cheville en sk…t. – Les voyageurs attendent l'arrivée du tr… .

292 **Recopie ces mots et complète avec ien ou ein.**

| la p…ture | b…tôt | aér… | le m… |
| une empr…te | un gard… | anc… | un pharmac… |

293 **Recopie ces phrases et complète les mots avec ion ou oin.**

Quelle est la p…ture de tes chaussures ? – Nous regardons une émiss… à la télévis… . – J'avance mon p… de quatre cases. – À la fin de la phrase, je place un p…t d'interrogat… . – L'arrivée n'est pas l… et les coureurs accélèrent. – David a été tém… d'un accident. – Tu prends s… de ton petit chat.

▶ **Vocabulaire à retenir** _____

la viande – un triangle – le grain – un lion – un pion – loin
un point – une ceinture – les freins – un chien

Révisions : exercice 336, p. 100

41e

Des lettres que l'on n'entend pas

Règle

- À la fin de certains mots, on écrit des lettres qui ne se prononcent pas : ce sont des **lettres muettes**.
  → le galop – un tapis – un gant – blond – long – le prix

- Pour trouver la lettre muette qui termine le mot, on peut :
  – former le **féminin** : un chat gris → une chatte grise
  – chercher un **mot de la même famille** : le camp → le campeur

- Il est toujours prudent de vérifier dans un dictionnaire en cas de doute.

★ **294** **Recopie ces phrases et complète avec les mots qui conviennent. Entoure les lettres muettes finales.**

pays – colis – drap – dos – chant – lit – sport – pied – coup – bois

L'Espagne est un … voisin de la France. – Le randonneur porte son sac sur le … . – J'entends le … mélodieux des oiseaux. – Le livreur porte un … volumineux. – Le bûcheron scie un morceau de … . – La natation est mon … préféré. – Le chat est caché sous le … du … . – Djibril donne un … de … dans le ballon.

★ **295** **Lis ces noms à voix haute. Recopie uniquement les noms terminés par une lettre muette et entoure-la.**

le front	un repas	le maïs	un fruit
un croquis	un cactus	un palais	un tournevis
le trac	un accroc	un robot	un échec
le tennis	le paradis	un ours	un habit
un pont	le sang	un accent	le secours
un nœud	une croix	du plomb	un tarif
un géant	le succès	un poing	un creux
un front	un tronc	un canif	un autobus

296 Écris les noms terminés par une lettre muette
de la même famille que ces mots.

un dentiste → une dent

refuser → un …	mépriser → le …	réciter → un …
proposer → un …	la laiterie → le …	éclater → un …
la bordure → le …	le quartier → un …	la rangée → le …

297 Recopie ces phrases et complète avec des mots
de la même famille que les mots entre parenthèses.

Marie se tient à l'… (écarter) de ses camarades. − Tu n'as jeté qu'un …
(regarder) sur ce dessin. − Cette voiture roule à … (centaine) kilomètres
à l'heure. − Il y a toujours de la neige au sommet du … (montagne)
Blanc. − Katia porte un bijou au … (brassard).

298 Recopie ces phrases et complète avec des noms
de la même famille que les mots entre parenthèses.

L'avion a du … (retarder). − Dès le … (débuter) du film, j'ai su qu'il
me plairait. − Après sa longue course, Myriam prend un moment de
… (reposer). − Dans le … (déserter), il ne faut pas oublier d'emporter
une réserve d'eau. − Coline a rencontré Noémie par … (hasarder).

299 Écris ces adjectifs au masculin. Ils se terminent par une
lettre muette.

porter une **lourde** valise → porter un **lourd** paquet

faire une **courte** pause	→ rester un … instant
donner une réponse **précise**	→ donner un renseignement …
utiliser une couleur **verte**	→ utiliser un crayon …

300 Complète ces noms avec une lettre muette.
Tu peux utiliser un dictionnaire.

le lila…	un absen…	une souri…	un renar…
le parcour…	un ban…	un étan…	le confor…
un compa…	un comba…	le marai…	le cimen…

❱ **Vocabulaire à retenir** ─────────────────────

un lit − le bois − un outil − une croix − le prix − le galop − le trot
le début − le sport − un banc − mort − fort − blanc − droit − gros

Révisions : exercices 337 et 338, p. 100

Orthographe

Des mots qui se ressemblent

Règle

- Certains mots se prononcent de la même manière, mais ils n'ont pas le même sens et s'écrivent différemment : ce sont des mots **homophones**.
  - → Le maître d'école corrige les cahiers.
  - → S'il fait froid, il faut mettre un manteau.
  - → Cette table mesure un mètre de long.
- Pour trouver la bonne orthographe, il faut **s'aider du sens** de la phrase.

★ **301** **Recopie chaque phrase et entoure les deux mots qui se prononcent de la même manière.**

Je ne vois qu'une dent dans la mâchoire de cette sorcière. — Cathy joue à la balle et Souad va aller au bal. — Après avoir coupé du bois, le charpentier boit un verre d'eau. — Je ne sais pas quoi faire de cette petite boîte en fer. — Le père de Cindy porte une paire de bottes. — Connais-tu le poids de cette boîte de petits pois ?

★ **302** **Recopie ces phrases et complète avec l'article qui convient : le ou la.**

… **mousse** est le plus jeune matelot d'un navire.
Vanessa mange de … **mousse** au chocolat.

J'ai déchiré … **manche** de mon blouson.
Le jardinier a cassé … **manche** de son râteau.

Nous faisons … **tour** du quartier.
Nous visitons … **tour** Eiffel.

Je place … **vase** de fleurs sur la table.
Ne mets pas les pieds dans … **vase**.

303 Recopie ces phrases avec les mots qui conviennent.

Ils jouent dans la (cour / court).   Le (vent / vend) souffle fort.
Il (cour / court) vite.   Il (vent / vend) des vêtements.
Ils (fond / font) des pirouettes.   Le (loue / loup) sort du bois.
Le (fond / font) du puits est sec.   Elle (loue / loup) un pédalo.

304 Recopie ces phrases et complète avec les mots qui conviennent.

(poing – point)
Le boxeur a reçu un coup de … . – La phrase se termine par un … .
(pâte – patte)
L'enfant roule de la … à modeler. – Le chien tend la … à son maître.
(thon – tond)
Lilian ouvre une boîte de … . – Le jardinier … la pelouse.

305 Recopie ces expressions et complète avec un homophone du mot en gras. Aide-toi d'un dictionnaire.

le **chant** du rossignol → un **champ** de blé

le pelage **roux** de l'écureuil → sortir la … de secours
manger une **datte** sucrée → lire la … sur le calendrier
le long **cou** du héron → prendre un … de soleil
cueillir des **mûres** → construire un … de pierre
un **cygne** blanc → faire un … de tête

306 Recopie ces phrases et complète avec un homophone du verbe en gras. Aide-toi d'un dictionnaire.

Vous **faites** la cuisine. → C'est la … de fin d'année.
On ne **voit** rien dans le tunnel. → Ne traverse pas la … ferrée.
Ce bouquet de fleurs **sent** bon. → L'infirmière fait une prise de … .
Laura **boit** de l'eau minérale. → Le loup se cache au fond du … .
Elliot **prit** une salade de fruits. → Je ne connais pas le … de ce jeu.

▸ **Vocabulaire à retenir** _____

un **poids** de deux kilos – une jupe à **pois**
une **voix** grave – la **voie** ferrée – un plat de **pâtes** – les **pattes** du chien
la **fin** du film – avoir **faim**

Révisions : exercice 339, p. 100

Orthographe

Les familles de mots

Règle

- Certains mots ont des lettres identiques (le **radical**) et parlent d'une même chose ou d'une même idée. Ils forment une **famille de mots**.
  → la terre – un terrain – le souterrain – atterrir
- À partir d'un mot simple, on peut former d'autres mots de la même famille, en ajoutant un groupe de lettres au **début** ou à la **fin**.
  → lent – la lenteur – ralentir

★ **307** Dans chaque colonne, recopie le mot qui n'est pas de la même famille que les autres.

collant	une équipe	regarder	un montant
le collage	une équerre	la garderie	un monsieur
un colis	un équipement	un garçon	démonter
recoller	un équipage	un regard	une montée

★ **308** Recopie ces mots et classe-les en quatre familles.

la chanteuse – accourir – la laiterie – un brassard – chantonner – un chanteur – une brassée – allaiter – embrasser – la brasse – un coureur – courant – le laitier – enchanter – laiteux – la course

Famille de « bras »	Famille de « lait »	Famille de « courir »	Famille de « chant »

★★ **309** Écris un mot de la même famille en ajoutant un groupe de lettres au début du mot, comme dans l'exemple.

placer → déplacer

coiffer → …   former → …   couper → …

faire → …   monter → …   plier → …

310 Écris un mot de la même famille, en ajoutant un groupe de lettres au début du mot, comme dans l'exemple.

border → **trans**border

mettre → …   porter → …   la formation → la …
port → le …   une mission → une …   percer → …

311 Écris un mot de la même famille, en ajoutant un groupe de lettres à la fin du mot, comme dans l'exemple.

espérer → un esp**oir**

moucher → un …   arroser → un …   plonger → un …
laver → un …   sécher → un …   réserver → un …

312 Écris un mot de la même famille que ces mots. Aide-toi de l'exemple.

nager → un nag**eur**

skier → un …   masser → un …   vendre → un …
patiner → un …   planer → un …   surfer → un …
mentir → un …   danser → un …   ronger → un …
rêver → un …   jouer → un …   pêcher → un …

313 Devinettes. Tous les noms de ces magasins se terminent par le même groupe de lettres.

Lieu où l'on vend des médicaments.   → une pharma…
Lieu où l'on vend des livres.   → une librai…
Lieu où l'on achète de la viande.   → une bouche…
Lieu où l'on vend des bijoux.   → une bijoute…
Lieu où l'on achète du poisson.   → une poissonne…
Lieu où l'on achète du parfum.   → une parfume…

▶ **Vocabulaire à retenir**

long – la longueur – allonger – longtemps – une rallonge
passer – un passant – une passerelle – dépasser – une passoire

Révisions : exercice 340, p. 100

314 **Recopie ces mots, entoure les voyelles et souligne les consonnes.**

récompense fragile   gendarme   chaussure
renard   pigeon   franchir   déchirer
savoureux   froid   épaule   étagère   *Voir leçon 21*

315 **Recopie ces phrases et indique le nombre de mots qu'elles contiennent.**

Tu places les fourchettes et les couteaux à côté des assiettes.

→ ... mots

Tu as sonné plusieurs fois, mais la porte est restée fermée.

→ ... mots

Demain soir, les habitants du quartier organiseront une grande fête.

→ ... mots   *Voir leçon 22*

316 **Remets ces syllabes dans l'ordre pour écrire des mots.**

ni – a – mal   pru – dent – im   trô – ler – con
tai – fon – ne   gé – phie – gra – o   me – hom
ge – char – ment   plé – com – ter   *Voir leçon 22*

317 **Écris chaque liste de mots dans l'ordre alphabétique.**

bidon – brindille – bondir – beurre – bulle – blanche
chapeau – cuisine – caresse – couper – cerise – crapaud
malade – marin – maîtresse – manège – matériel – maison
partout – paradis – parole – parfait – parvenir – parcours

Voir leçon 23

318 **Devinettes. Dans tous ces noms, il y a un accent.**

On va chez lui quand on est malade.   → le m...decin
Elles entourent la bouche.   → les l...vres
Il essaie d'attraper des poissons.   → le p...cheur
Les comédiens y jouent sur la scène.   → le th... ...tre   *Voir leçon 24*

319 **Recopie ces mots et complète avec o, eau ou au.**

un lavab…   la pi…che   un moin…   un d…phin
p…vre   la nouv…té   des ch…ssures   un c…rsage
une s…cisse   une p…che   une p…mme   un prun…
la h…teur   une …range   une s…ttise   un pil…te   Voir leçon 25

320 **Recopie ces phrases et complète les noms terminés par le son [o]. Aide-toi d'un dictionnaire.**

Il y a des truites dans ce ruiss… . — Le lionc… ne quitte pas sa mère. — Pour piloter une mot…, il faut porter un casque. — Tu mets une pièce pour prendre un chari… . — On fait fonctionner le rob… avec la télécommande.   Voir leçon 25

321 **Recopie ces noms et complète avec é, ée ou er.**

un ateli…   une …cole   la dict…   un méti…   le boulang…
un …vi…   un cahi…   une poup…   une rang…   un h…risson
Voir leçon 26

322 **Recopie ces noms en lettres minuscules et place les accents oubliés.**

UN METRE   UN ELEVE   LA COLERE
UNE PIECE   UN ARRET   UN HELICOPTERE   Voir leçon 27

323 **Recopie ces phrases et complète les mots avec u ou ou.**

La lait…e est une salade. — Le facteur distrib…e le c…rrier. — Dans la fable, le renard est pl…s r…sé que le corbeau. — À la v…e du serpent, Frida se sauve. — Tu ramasses la p…ssière avec l'aspirateur. — P…rquoi a-t-il rasé sa m…stache ? — Le verbe s'accorde t…j…rs avec son s…jet.   Voir leçon 28

324 **Recopie ces phrases et complète les mots avec b ou p.**

Le …aque…ot rentre au …ort. — Tu ouvres une …oîte de …iscuits. — Le ro…ot o…éit à une sim…le …ression sur le …outon rouge. — Tu …rends un ta…ouret …our atteindre le haut du …uffet.   Voir leçon 29

Orthographe

325 Recopie ces phrases et complète les mots avec d ou t.

Léontine cul...ive des orchi...ées. — Antoine regar...e le niveau d'huile du mo...eur. — Le gui...e ...irige la cor...ée d'alpinis...es. — Ces élèves res...ent à la can...ine. *Voir leçon 30*

326 Recopie ces phrases et complète les mots avec l'écriture du son [z] qui convient.

Ton vi...age repo...é fait plai...ir à voir. — Mélanie choi...it une vali...e à roulettes. — Il reste une di...aine de frai...es à manger. — Les oi...eaux ga...ouillent. — Un tré...or est caché sur l'île dé...erte. *Voir leçon 31*

327 Recopie ces phrases et complète les mots avec l'écriture du son [s] qui convient.

Lisa lan...e la balle et un gar...on l'attrape. — Nous commen...ons l'exer...i...e. — J'e...aie des chau...ures de ...port. — Arnold est ble...é ; il a un pan...ement au pou...e. *Voir leçon 31*

328 Recopie ces phrases et complète les mots avec m ou n.

Le conducteur du ca...ion est gê...é par la pluie. — Le pia...o est un instru...ent de ...usique. — À la der...ière ...i...ute, Élise fait un tour de ...a...ège. — Je dé...é...age les ...eubles. *Voir leçon 32*

329 Recopie ces phrases et complète les mots avec f ou v.

Le sa...on est tombé au ...ond de la baignoire. — Tu as bien ...isé et tu as mis la ...lèche dans le mille ! — Louis a une ...oix gra...e. — Il y a de la ...umée au sommet du ...olcan. *Voir leçon 33*

330 Recopie ces phrases et complète avec les mots qui conviennent.

(manche – mange)

Je ... une pizza au fromage. — Aldo a déchiré la ... de sa veste.

(bouche – bouge)

Le chien ne ... pas une oreille. — On ne parle pas la ... pleine.

(marche – marge)

Tu inscris la date dans la ... . — Ne ... pas dans les flaques d'eau. *Voir leçon 34*

331 **Recopie ces phrases et complète les mots avec c, qu ou k.**

Avez-vous entendu le …ra…ement du par…et dans le …ouloir ? — …ombien man…e-t-il de …ubes dans la boîte ? — Pour le …arnaval, je porterai un mas…e. — Les s…ieurs font la …eue au pied de la télécabine. — Je …ro…e un bis…uit. **Voir leçon 35**

332 **Recopie ces phrases et complète les mots avec g ou gu.**

J'aime bien les merin…es que fait ma …rand-mère. — Le …épard poursuit la …azelle. — Tu mets un peu de sucre sur tes …aufres. — La piro…e navi…e sur l'eau. — Le carré a quatre an…les droits et quatre côtés é…aux. **Voir leçon 36**

333 **Recopie ces phrases et complète avec les mots qui conviennent.**

(dans – dent)

Jérôme a perdu une … de lait. — Mes baskets sont … mon sac.

(panse – pense)

Oriane … à ses vacances. — L'infirmière … les brulûres de Diego.

(sang – cent)

Le blessé perd du … . — J'ai nagé pendant … mètres. **Voir leçon 37**

334 **Recopie ces phrases et complète avec les lettres qui font le son [ɛ̃].**

J'ai lu pl… de livres. — Le lap… dévore les carottes. — Dans la classe, nous sommes v…gt-c…q élèves. — Le magas… de chaussures est ouvert le samedi. — Mon oncle revi…t d'un voyage au Maroc. — Samuel écrit de la m… gauche. — Lauriane a choisi une c…ture dorée. — Tu as enf… terminé ton exercice.

Voir leçon 38

335 **Recopie ce mots et complète avec n ou m.**

e…terrer	e…fourner	la te…pête	to…ber
e…brasser	e…brocher	une a…poule	ca…per
e…barquer	un e…fant	to…dre	un ro…din

Voir leçon 39

336 **Recopie et complète ces mots avec ion ou oin.**

le bes...   un tém...   un cam...   un av...

la rég...   le s...   un fan...   une act...

un p...t   c...cer   l...tain   un rec...   Voir leçon 40

337 **Écris ces adjectifs au masculin comme dans l'exemple. Ils se terminent par une lettre muette.**

Cette salle est **bruyante**. → Ce local est **bruyant**.

La phrase est longue.   → Le texte est ... .

Cette chienne est obéissante.   → Ce chien est ... .

Cette fille est franche.   → Ce garçon est ... .

Sandrine est satisfaite de son résultat. → Farid est ... .

Voir leçon 41

338 **Recopie ces phrases et complète les noms terminés par le son [i]. Ils finissent tous par une lettre muette.**

Le frère de Carlos a passé son perm... de conduire. — Armand secoue le tap... de son salon. — Quel est le pr... de cette boîte de jeux ? — Les chats sortent la nu... . — Les Chinois mangent souvent du r... .

Voir leçon 41

339 **Recopie ces phrases et complète avec un homophone du mot entre parenthèses. Aide-toi d'un dictionnaire.**

Bénédicte se verse un ... (vert) de ... (laid). — Le ... (le seau) du chevreuil est impressionnant. — Quand on a une petite ... (la fin), on mange un fruit. — Le ... (la reine) est un animal du Grand Nord. — Blanche-Neige est un ... (un compte) de fées. — Le chant du ... (la coque) réveille les habitants.

Voir leçon 42

340 **Recopie et complète ces phrases avec ces mots de la même famille.**

batteur – bataille – combattent – battements

Dans un orchestre, le ... donne le rythme. — Les ... de pieds du nageur le font avancer. — Les boxeurs ... avec des gants de cuir. — Les enfants font une ... de boules de neige.

Voir leçon 43

Conjugaison

Les verbes :
infinitif et forme conjuguée

Pour choisir un livre, tu consultes le fichier de la bibliothèque, mais tu fais aussi des recherches sur Internet.

Règle

- Le verbe est un mot qui peut prendre de nombreuses formes. Il est composé de deux parties : le **radical** et la **terminaison**.
  → chant-er   je chant-e   tu chanter-as   nous chant-ions

- Lorsqu'il n'est pas conjugué, le verbe est à l'**infinitif**. On classe les verbes selon leur terminaison à l'infinitif.
  → parler – venir – faire – prendre – pouvoir

- Lorsque le verbe est **conjugué**, la terminaison change et, pour certains verbes, le radical également.
  → venir : je viens – vous venez – tu viendras – ils viennent
  → aller : il va – nous allons – j'irai – elles vont

- Deux verbes sont particuliers : **être** et **avoir**. Ils peuvent être employés seuls ou aider à la conjugaison des autres verbes ; dans ce cas, on les appelle **verbes auxiliaires**.
  → Tu as un nouveau téléphone.   Lucas a trouvé une erreur.
  → Nous sommes en vacances.   Ils sont restés chez eux.

★ **341** **Recopie ces verbes à l'infinitif et sépare le radical de la terminaison.**

tomber → tom/ber

escalader	partager	réunir	payer	cultiver
sentir	écarter	laver	avertir	danser
entrer	couper	casser	marcher	fleurir

★ **342** **Recopie ces verbes et complète la terminaison de leur infinitif.**

répét…	ralent…	ten…	limit…	recul…
noirc…	défend…	jou…	fin…	agrand…

343 Recopie ces phrases et entoure les verbes conjugués.

Delphine tire les rideaux de sa chambre. — Le candidat cherche la bonne réponse. — Cette robe blanche est à Stéphanie. — Cédric câline sa petite sœur. — Les clowns font des pirouettes. — Le berger a une centaine de moutons. — Vous dites toujours la vérité à vos parents.

344 Recopie ces phrases, entoure les verbes conjugués et donne leur infinitif.

Tu [allumes] l'ordinateur. → allumer

Les chiots manifestent leur joie au retour de leur mère. — Les élèves participent au spectacle de l'école. — Je quitte la salle sur la pointe des pieds. — En Angleterre, les voitures roulent à gauche. — Le soleil brille dans le ciel. — Dans ce champ, elle récolte des tomates.

345 Recopie ces phrases, entoure les verbes conjugués et donne leur infinitif.

Nous allons en Afrique. — Je monte dans l'autobus. — Tu fais un gâteau au chocolat. — Vous observez les oiseaux. — Charline discute avec son amie par téléphone. — L'eau est trop froide pour se baigner. — Nous avons une nouvelle voiture. — Il dit toujours la même chose !

346 Recopie ces phrases et complète avec les verbes qui conviennent.

avale – visitent – a – nettoie – gronde – fais – gagne – va

Le tonnerre … dans le lointain. — Tu … attention avant de traverser. — Mon voisin … au marché. — Rachel n'… pas les noyaux de cerises. — Ce joueur … le gros lot ; il … de la chance. — Les touristes … le château de Cormatin. — Le peintre … ses pinceaux.

347 Remets ces mots dans l'ordre pour former des phrases et entoure les verbes.

Lionel – une – a – rollers. – paire – de
Nous – notre – sur – étalons – serviette – la – plage.
Tu – un – sur – colles – timbre – l'enveloppe.

Révisions : exercice 444, p. 132

Conjugaison

Hier, j'ai déjeuné chez Tamara. Aujourd'hui, je reste à la maison. Demain, je retournerai chez mon amie.

Règle

- La terminaison d'un verbe varie avec le **temps**, c'est-à-dire le moment où se produit l'action :
  - → le passé → hier, il y a longtemps, autrefois : Il neigeait.
  - → le présent → aujourd'hui, maintenant, en ce moment : Il neige.
  - → le futur → demain, plus tard, dans une heure : Il neigera.
- Lorsque le verbe s'écrit en seul mot, c'est **un temps simple**.
  - → Je reste à la maison. Je déjeune.
- S'il s'écrit en deux mots, c'est **un temps composé**.
  - → J'ai déjeuné. Je suis resté à la maison.

★ **348** **Recopie ces phrases et indique le temps des verbes en gras (passé – présent – futur).**

Le chat **miaule** pour avoir des croquettes. → présent

Le linge **séchera** au soleil. — J'**utilisais** des feutres pour dessiner. — Avec l'ascenseur, nous **arriverons** plus vite au dernier étage. — Tu **avais** un gros rhume et tu **toussais**. — Les pompiers **transportaient** le blessé.

★ **349** **Recopie ces phrases, entoure les verbes et classe-les dans le tableau.**

Je répète la question. — Les élèves possèdent des stylos. — Tu as branché l'ordinateur. — Vous avez dessiné un dauphin. — Chloé regardait dans son dictionnaire. — Les élèves écrivent avec un stylo. — La princesse épousera un prince. — Le chien a aboyé devant sa niche.

temps simples	temps composés

Révisions : exercice 445, p. 132

Je cherche mon sac. Tu n'oublies pas le tien. Nous allons à l'école.

Règle

- La **terminaison** d'un verbe **varie** selon la **personne** qui fait l'action.
  - → 1ʳᵉ personne du singulier : je/j'   je parl**e**
  - → 2ᵉ personne du singulier : tu   tu déjeun**es**
  - → 3ᵉ personne du singulier : il / elle il écout**e** – elle jou**e**
  - → 1ʳᵉ personne du pluriel : nous   nous cri**ons**
  - → 2ᵉ personne du pluriel : vous   vous entr**ez**
  - → 3ᵉ personne du pluriel : ils / elles ils roul**ent** – elles dans**ent**

★ **350** **Recopie ces phrases et indique la personne des verbes en gras.**

J'**écoute** de la musique. → « Je » : 1ʳᵉ personne du singulier

Ils **poussent** leur chariot dans les allées. − J'**imite** le cri de la chouette. − Tu **grimaces** devant le miroir. − Elles **coiffent** leurs cheveux. − Nous **plaçons** les jetons sur le plateau de jeu. − Ils **dégustent** une soupe chaude. − Tu **nettoies** l'écran de l'ordinateur. − Vous **tapez** sur les touches du clavier. − Il **joue** de la guitare.

★★ **351** **Recopie ces phrases et indique la personne des verbes en gras.**

Les animatrices **gonflent** les ballons.
→ « Elles » : 3ᵉ personne du pluriel

La locomotive **tire** un train de quarante wagons. − Le lapin **détale** au premier bruit. − Des fleurs **décorent** la place du village. − Les voisins **fêtent** un anniversaire. − Des étoiles **filent** dans le ciel. − Arthur **possède** deux euros. − Je **tamponne** mon cahier. − Vous **gommez** vos erreurs. − Cette émission **commence** à dix heures.

Conjugaison

47ᵉ Leçon — Le présent de l'indicatif : verbes en -er

J'allume la télévision. Nous regardons un film comique.

Règle

- Au présent de l'indicatif, tous les verbes terminés par **-er** à l'infinitif (sauf **aller**) ont **les mêmes terminaisons**.

  fermer
  - → Je ferme les fenêtres.
  - → Tu fermes les fenêtres.
  - → Il/Elle ferme les fenêtres.
  - → Nous fermons les fenêtres.
  - → Vous fermez les fenêtres.
  - → Ils/Elles ferment les fenêtres.

- Pour ne pas confondre les terminaisons qui se prononcent de la même manière (les personnes du singulier et la 3ᵉ personne du pluriel), il faut toujours chercher le sujet du verbe.

★ **352** **Recopie ces phrases, souligne les verbes conjugués au présent et écris leur infinitif.**

Tu renverses toutes les quilles. → renverser

Les autobus circulent sur la voie de droite. — Nous assistons à un spectacle de marionnettes. — Tu apportes des fleurs à la maîtresse. — Vous sautillez au son de la musique. — Ce panneau indique la direction à prendre. — Les joueurs enfilent leur nouveau maillot.

★★ **353** **Recopie ces phrases et complète avec les verbes qui conviennent.**

mangeons – compare – plongent – fume – gagne – marques – rentrez

Le feu de cheminée … encore. — Tu … un but et ton équipe … la partie. — Nous … nos yaourts avec une petite cuillère. — Vous … chez vous pour faire vos devoirs. — Les baleines … au plus profond des mers. — Je … ces deux boîtes de crayons de couleur.

354 Recopie ces phrases et complète avec les terminaisons du présent qui conviennent.

Vous travers… la rue quand le feu est vert. – À la kermesse, nous pêch… à la ligne de petits cadeaux. – Tu parl… à ton voisin. – La chatte lèch… son petit. – Les zèbres se sauv… quand la lionne s'approch… . – En partant, je pouss… la porte en bois.

355 Recopie ces phrases et écris les verbes entre parenthèses au présent.

Pourquoi (murmurer)-tu entre tes dents ? – Je (couper) ma viande tout seul. – Vous ne (crier) jamais. – Cette machine (laver) le linge en peu de temps. – Vous (lever) la main pour répondre à la question. – À midi, les cloches (sonner).

356 Recopie ces phrases et écris les verbes entre parenthèses au présent.

Vous (rassembler) toutes les pièces du puzzle. – Je (viser) le centre de la cible. – Certaines voitures (polluer) l'air des villes. – Nous (installer) les chaises autour de la table. – Le vendeur (accepter) de changer mon téléphone portable. – Tu ne (sucer) plus ton pouce.

357 Recopie ces phrases et remplace les sujets en gras par ceux entre parenthèses. Attention aux accords !

Je (Vous) travaille avant d'aller jouer. – **Le vent** (Les rafales) brise les branches. – **Vous** (Maman) chantez une berceuse. – **Tu** (Dimitri) écoutes de la musique. – **Les chevaux** (Nous) sautent la barrière sans la toucher. – **Nous** (Je) colorons les carrés en rouge.

358 Recopie ces phrases et complète avec les verbes suivants conjugués au présent.

trouver – monter – fabriquer – ronger – adorer

J'… les desserts au chocolat. – Sylvain … sur un escabeau pour changer l'ampoule. – Dans cette usine, les ouvriers … des meubles. – Les souris … un morceau de gruyère. – Nous ne … pas de chaussures à notre pointure.

Révisions : exercice 447, p. 132

Conjugaison

48ᵉ Leçon

Le présent de l'indicatif : verbes être et avoir

Christophe a un appareil dentaire. Il est gêné pour parler.

Règle

- Les formes des verbes **être** et **avoir** au présent de l'indicatif sont très souvent utilisées ; il faut les retenir parfaitement.

être	avoir
→ Je suis dans le noir.	J'ai peur.
→ Tu es dans le noir.	Tu as peur.
→ Il/Elle est dans le noir.	Il/Elle a peur.
→ Nous sommes dans le noir.	Nous avons peur.
→ Vous êtes dans le noir.	Vous avez peur.
→ Ils/Elles sont dans le noir.	Ils/Elles ont peur.

- Pour ne pas confondre les formes des 2ᵉ et 3ᵉ personnes du singulier qui ont la même prononciation, il faut toujours rechercher le sujet.

★ **359** **Recopie ces phrases, entoure les formes du verbe être et complète avec les sujets qui conviennent.**

Je – Vous – Cette histoire incroyable – Tu – Les marins

… êtes près des panneaux indicateurs. — … est pourtant vraie. — … es devant ton écran d'ordinateur. — … suis en équilibre sur ma trottinette. — … sont sur le pont du navire.

★ **360** **Recopie ces phrases, entoure les formes du verbe avoir et complète avec les sujets qui conviennent.**

Tu – Nous – Les crocodiles – J' – Vous – Les cow-boys – Ce chien

… ont de dents redoutables. — … avez une leçon à apprendre pour demain. — … as les ongles peints en rouge. — … a de longs poils roux. — … avons du mal à ouvrir ce tiroir. — … ai envie d'une glace au caramel. — … ont des bottes en cuir et un lasso.

361 Recopie ces phrases et complète avec ces formes du verbe **être** au présent.

suis – es – est – sommes – êtes – sont

Nous … au cirque. – Le requin … dans un aquarium géant. – Je … devant le portail de l'école maternelle. – Tous les stylos … dans ma trousse. – Tu … sur les manèges de la fête foraine. – Ce matin, vous … en avance.

362 Recopie ces phrases et complète avec ces formes du verbe **avoir** au présent.

ai – as – a – avons – avez – ont

Tu … un anorak jaune et des gants en cuir. – Nous … la permission de jouer au ballon. – Les lions … une épaisse crinière. – J'… besoin de me laver les mains. – Vous … des bagages bien trop lourds. – Ce camion … d'énormes pneus et une longue remorque.

363 Recopie ces phrases et complète avec le verbe **être** conjugué au présent.

La montgolfière … prête à s'envoler. – Tu … capable de réciter toutes les tables d'addition. – Je … au bord de la rivière. – Nous … devant le rayon des jeux électroniques. – Ces assiettes … en porcelaine. – Vous … assis à l'ombre d'un arbre. – Nous … à la piscine.

364 Recopie ces phrases et complète avec le verbe **avoir** conjugué au présent.

L'éléphant d'Afrique … de plus grandes oreilles que celui d'Asie. – Nous … le fou rire en regardant ce film comique. – À la vue d'une araignée, j'… des frissons le long des bras. – Vous … une place gratuite pour la prochaine séance. – Tu … un pansement sur la cheville gauche.

365 Recopie ces phrases et complète avec les verbes **être** ou **avoir** conjugués au présent.

Tu … au tableau pour corriger l'exercice. – Je … sans réponse devant ce problème : il … trop difficile. – Le présentateur de télévision … très à l'aise. – Pour une fois, vous … de notre avis. – Nous … de belles photos de nos vacances.

Révisions : exercice 448, p. 132

Le présent de l'indicatif : verbes aller et faire

Il **fait** beau. Nous **allons** nous promener au parc.

Règle

- Les verbes **aller** et **faire** ont des conjugaisons particulières au présent de l'indicatif.

aller	faire
→ Je vais au gymnase.	Je fais du trampoline.
→ Tu vas au gymnase.	Tu fais du trampoline.
→ Il/Elle va au gymnase.	Il/Elle fait du trampoline.
→ Nous allons au gymnase.	Nous faisons du trampoline.
→ Vous allez au gymnase.	Vous faites du trampoline.
→ Ils/Elles vont au gymnase.	Ils/Elles font du trampoline.

★ **366** **Recopie ces phrases et complète avec les sujets qui conviennent.**

Elles – Le cheval – Nous – Je – Nos voisins – Vous – Tu

… faisons des cocottes en papier. — … fais des efforts pour porter mon sac. — … fait des cabrioles dans le manège. — … fais des signes à tes camarades. — … n'en faites qu'à votre tête. — … font trop de bruit. — … font des nattes à leurs cheveux.

★ **367** **Recopie ces phrases et complète avec les sujets qui conviennent.**

Elles – Tu – Le conducteur – Nous – Les supporters – Je – Vous

… allons te confier un secret important. — … allez en voyage scolaire dans le Jura. — … vais à Cholet, chez mes grands-parents. — … vas chercher la solution du problème. — … va se garer sur le parking de la mairie. — … vont au stade ce soir. — … vont faire de la trottinette au square.

368 Recopie ces phrases et complète avec le verbe faire conjugué au présent.

Ce savon … beaucoup de mousse. − Les écureuils … des provisions avant l'hiver. − Tu … le malin devant tes cousins. − Nous … de notre mieux pour décorer la classe. − Les acrobates … des sauts périlleux. − Je … de la place sur le bureau. − Que …-vous le mercredi après-midi ?

369 Recopie ces phrases et complète avec le verbe aller conjugué au présent.

Les motards … très vite dans la descente. − Dans la savane, l'éléphant … où il veut. − Tu … goûter chez tes grands-parents. − Comme il pleut, nous … sous un abri. − Après l'école, je … au parc. − Vous … écrire votre nom en haut de la feuille. − Il … plus vite à vélo qu'à pied.

370 Conjugue ces verbes en gras à toutes les personnes du présent.

aller jusqu'à la rivière
aller chez le coiffeur
aller de mieux en mieux
aller au cinéma

faire le trajet à l'envers
faire des roulades
faire des nœuds
faire de grands gestes

371 Recopie ces phrases et remplace les sujets en gras par ceux entre parenthèses. Attentions aux accords !

Je (Les enfants) vais à l'école de musique tous les mercredis. − **Vous** (Nous) allez dans le grenier. − **Nous** (Je) faisons des bulles de savon. − **Tu** (Camille) vas prendre un petit déjeuner. − **Simon** (Vous) fait le café.

372 Recopie ces phrases et complète avec les verbes aller ou faire conjugués au présent.

Tu … jusqu'au bout de la rue. − Est-ce que tout … bien aujourd'hui ? − Ces photographies me … penser à mes dernières vacances. − Je … parfois la grimace devant mon assiette. − Louana … son lit tous les matins. − Tu … les courses avec tes parents. − Lucile … le tour du quartier pour trouver une boulangerie ouverte. − Le peintre … dans son atelier pour travailler.

Conjugaison

Révisions : exercice 449, p. 132

Le présent de l'indicatif : verbes dire et venir

Il **vient** de partir. Nous lui **disons** au revoir de la main.

Règle

- Les verbes **dire** et **venir** ont des conjugaisons particulières au présent de l'indicatif.

venir	dire
→ Je **viens** d'arriver.	Je **dis** bonjour.
→ Tu **viens** d'arriver.	Tu **dis** bonjour.
→ Il/Elle **vient** d'arriver.	Il/Elle **dit** bonjour.
→ Nous **venons** d'arriver.	Nous **disons** bonjour.
→ Vous **venez** d'arriver.	Vous **dites** bonjour.
→ Ils/Elles **viennent** d'arriver.	Ils/Elles **disent** bonjour.

★ **373** **Recopie ces phrases et complète avec les sujets qui conviennent.**

Le professeur – Les savants – Tu – vous – Nous

… ne dis rien : as-tu perdu ta langue ? – … disons que cette émission n'était pas intéressante. – … dit du bien des élèves de sa classe. – Pourquoi ne dites-… pas la vérité ? – … disent que le vent souffle fort.

★ **374** **Recopie et classe ces verbes dans le tableau.**

tu dis – nous venons – vous dites – ils viennent – elle dit – je dis – tu viens – ils disent – je viens – nous disons – vous venez – il vient

dire au présent	venir au présent

★ **375** **Recopie ces phrases et choisis la forme du verbe venir au présent qui convient.**

Elles (venons / viennent) de ce village d'Alsace. – Je (viens / vient) en courant. – Le secouriste (vient / venez) d'arriver. – Tu (viens / vient) de loin pour nous voir. – Nous (venons/venez) sur la scène pour saluer.

112

376 Recopie ces phrases et choisis la forme du verbe **dire**
au présent qui convient.

Nous (disons / disent) un mot gentil au vendeur. — Vous (dit / dites)
n'importe quoi pour faire rire les enfants. — Margot et Zoé se (disons /
disent) des secrets. — Je (dis / dit) que je viendrai.— Tu (dis / dit) merci
au serveur en partant.

377 Recopie ces phrases et complète avec le verbe **venir**
conjugué au présent.

Ces fromages … d'une ferme du Limousin. — Tu … de terminer un
puzzle de cent morceaux. — Je … près de toi pour admirer ton dessin. —
Nous … à la rencontre de nos correspondants. — Le chasse-neige …
dégager la chaussée. — Vous … avec nous au musée.

378 Recopie ces phrases et complète avec le verbe **dire**
conjugué au présent.

Je … s'il te plaît pour demander quelque chose. — Vous … encore
la même chose. — Le surveillant … de faire attention aux élèves
imprudents. — Elles … que la neige va fondre. — Tu … que les
extraterrestres existent. — Nous … au revoir à nos amis par la fenêtre.

379 Recopie ces phrases et remplace les sujets en gras par ceux
entre parenthèses. Attention aux accords !

Le plombier (Ils) vient réparer la fuite. — **Ce vase** (Elles) vient d'Italie.
— **Nous** (Vous) venons le chercher. — **Marco** (Ils) dit toute la vérité à la
maîtresse. — **Sonia** (Elles) dit des secrets à l'oreille du chien.

380 Recopie ces phrases et écris les verbes entre parenthèses
au présent.

Lilian (dire) quelque chose à voix basse. — La magicienne (dire)
l'avenir avec une boule de cristal. — Vous (dire) des bêtises pendant la
récréation. — Les animaux (venir) vers moi. — Tu (venir) de recevoir un
message d'Alexis. — Je (dire) tout haut ce que je pense. — Les élèves ne
(dire) plus un mot. — Ces nuages noirs (venir) de l'ouest.

Révisions : exercice 450, p. 133

Conjugaison

51e

L'imparfait de l'indicatif : verbes en -er

Le feu passait au rouge. Les voitures s'arrêtaient.

Règle

- À l'imparfait de l'indicatif, tous les **verbes terminés par -er à l'infinitif** ont les **mêmes terminaisons**.

  rentrer
  - → Je rentrais à la maison..
  - → Tu rentrais à la maison.
  - → Il/Elle rentrait à la maison.
  - → Nous rentrions à la maison.
  - → Vous rentriez à la maison.
  - → Ils/Elles rentraient à la maison.

★ **381** **Recopie ces phrases et complète avec les verbes qui conviennent.**

déposais – composions – sautilliez – frottait – visais – volaient – jouais – comptait

Les oiseaux ... au-dessus des arbres. — Mathieu ... le parquet pour le faire briller. — Vous ... sur le tapis en mousse. — Je ... le centre de la cible. — Nous ... de petites phrases. — Tu ... de la flûte à bec. — Je ... des pièces dans la tirelire. — Le maître ... les élèves.

★ **382** **Recopie ces phrases et complète avec les terminaisons de l'imparfait qui conviennent.**

Tu espér... recevoir une récompence. — Nous apport... des cadeaux à nos parents. — Tu ne froiss... jamais tes vêtements. — Le public acclam... les musiciens. — Je soulign... les verbes avec un stylo vert. — Vous écart... les fruits pas assez mûrs. — Tu économis... un peu d'argent. — Le jardinier arrach... les mauvaises herbes. — J'effaç... souvent le tableau. — Les fourmis transport... des miettes de pain.

383 Recopie ces phrases et écris les verbes entre
parenthèses à l'imparfait.

Les lampadaires (éclairer) toute la rue. — Ce jeune chien (mendier) une caresse. — Tu (imprimer) un texte. — Je (consulter) régulièrement mes messages. — Nous (découper) des images. — Vous (avancer) sans faire de bruit. — Yohan (expliquer) les mots un par un.

384 Recopie ces phrases et écris les verbes entre
parenthèses à l'imparfait.

La lionne (attaquer) les antilopes. — Les conducteurs (allumer) leurs phares. — Nous (discuter) pendant dix minutes. — Je (vider) la bouteille de jus de pomme. — Vous (quitter) vos chaussures. — Tu (ignorer) le nom de l'auteur de ces fables. — Les acteurs (mériter) des applaudissements. — Le panneau (indiquer) la direction à prendre.

385 Recopie ces phrases et remplace les sujets en gras
par ceux entre parenthèses. Attention aux accords !

Le bois (Les bûches) brûlait dans la cheminée. — **Nous** (Je) complétions la grille de mots croisés. — **Tu** (Vous) sursautais chaque fois que **la porte** (les volets) claquait. — **Je** (Mélanie) distribuais les feuilles de dessin.

386 Recopie ces phrases et complète avec les verbes
suivants écrits à l'imparfait.

aider – réchauffer – laisser – porter – lasser – glisser

Les passants … sur les trottoirs gelés. — Nous … notre camarade handicapé à descendre dans la cour. — Tu … tout le monde en racontant toujours la même histoire. — Vous vous … près du radiateur. — Tu … des lunettes de soleil. — Vous ne … pas vos livres n'importe où.

387 Conjugue les verbes en gras de ces expressions
à toutes les personnes de l'imparfait.

trembler de froid
skier sur la piste verte
organiser des jeux

creuser des trous
pédaler dans la descente
demander des renseignements

Révisions : exercice 451, p. 133

L'imparfait de l'indicatif : verbes être et avoir

J'étais fatiguée et j'avais mal aux pieds.

Règle

- À l'imparfait de l'indicatif, les verbes **être** et **avoir** ont les mêmes terminaisons que les autres verbes.

être	avoir
→ J'étais calme.	J'avais de la chance.
→ Tu étais calme.	Tu avais de la chance.
→ Il/Elle était calme.	Il/Elle avait de la chance.
→ Nous étions calmes.	Nous avions de la chance.
→ Vous étiez calmes.	Vous aviez de la chance.
→ Ils/Elles étaient calmes.	Ils/Elles avaient de la chance.

- Comme quatre terminaisons se prononcent de la même manière, il faut bien chercher le sujet.

★ **388** **Recopie ces phrases et place un pronom sujet devant les verbes.**

… avais mes mains froides.

… avaient leurs vêtements neufs.

… avait une poussière dans son œil.

… avais tes chaussures de sport.

… était devant son bureau.

… étais auprès de tes sœurs.

… étaient dans leur fauteuil.

… étais allongé sur mon lit.

★ **389** **Recopie ces phrases, entoure les verbes et complète avec les sujets qui conviennent.**

Les marchands – Le motard – Tu – Les actrices – J' – Vous – Nous

… étais devant l'écran de mon ordinateur. — … étiez absents toute la semaine dernière. — … avais de superbes boucles d'oreilles. — … étions dans le premier wagon du train. — … avait un casque et des gants de cuir. — … avaient des perruques blondes. — … avaient de beaux légumes et des fruits appétissants.

★★ 390 Recopie ces phrases et complète avec ces formes du verbe être à l'imparfait.

étais – étais – était – étions – étiez – étaient

Le paquet de bonbons … vide. – Nous … en admiration devant le sapin de Noël. – Tu … sur la pointe des pieds. – J'… allongée sur le sable. – Les joueurs … sur le terrain depuis cinq minutes. – Vous … tout à fait de notre avis.

★★ 391 Recopie ces phrases et complète avec ces formes du verbe avoir à l'imparfait.

avais – avais – avait – avions – aviez – avaient

Nous … envie de nous promener. – J'… le temps de regarder mon émission préférée. – Notre voisine … une voiture neuve. – Tu … un billet de cinq euros dans ta poche. – Vous … un gentil chat gris. – Toutes les maisons … des volets bleus.

★★★ 392 Recopie ces phrases et complète avec le verbe être conjugué à l'imparfait.

Après la course, vous … très fatigués. – Les clés … sur la porte. – J'… juste derrière toi. – Karine … parfois de mauvaise humeur. – Nous … devant la grille de l'école. – Tu … dans le garage à vélos.

★★★ 393 Recopie ces phrases et complète avec le verbe avoir conjugué à l'imparfait.

La reine … une couronne de diamants. – Les écoliers d'autrefois n'… pas de stylos. – J'… une tache sur mon pull. – Tu … une chambre pour toi toute seule. – Vous … des chemises à manches courtes. – Nous … peur des scorpions. – Les carrosses … de grandes roues en bois.

★★★ 394 Recopie ces phrases et complète avec les verbes être ou avoir conjugués à l'imparfait.

L'autobus … un quart d'heure d'avance. – Nous … en visite à la fromagerie du village. – À la fin des vacances, j'… envie de revenir à l'école. – Ce meuble … en chêne. – Les dinosaures … une taille gigantesque. – J'… le premier surpris de ta réponse. – Vous … des cheveux blonds.

Révisions : exercice 452, p. 133

53ᵉ L'imparfait de l'indicatif : verbes aller et faire

Leçon

Dès l'âge de six ans, tu allais au manège et tu faisais du cheval.

Règle

- À l'imparfait de l'indicatif, les verbes **aller** et **faire** ont les mêmes terminaisons que celles des verbes en **-er**. Mais, le radical du verbe **faire** est modifié.

aller	faire
→ J'all**ais** à l'école.	Je fais**ais** du découpage.
→ Tu all**ais** à l'école.	Tu fais**ais** du découpage.
→ Il/Elle all**ait** à l'école.	Il/Elle fais**ait** du découpage.
→ Nous all**ions** à l'école.	Nous fais**ions** du découpage.
→ Vous all**iez** à l'école.	Vous fais**iez** du découpage.
→ Ils/Elles all**aient** à l'école.	Ils/Elles fais**aient** du découpage.

★ **395** **Recopie ces phrases et complète avec ces formes du verbe faire à l'imparfait.**

faisaient – faisions – faisais – faisiez – faisais – faisait

Le perroquet … admirer son beau plumage. – Tu … de longues promenades. – Je … la queue devant le magasin. – Sur le chemin de l'école, nous … aboyer le chien du voisin. – Vous … des couronnes de fleurs. – Les pâtissiers … d'excellents gâteaux au chocolat.

★ **396** **Recopie ces phrases et complète avec ces formes du verbe aller à l'imparfait.**

allais – allions – allait – allais – alliez – allait

La pluie … tomber d'une minute à l'autre. – J'… toujours me laver les mains avant le dîner. – Tu … à la cantine tous les jours. – Vous … féliciter les vainqueurs du match de football. – Ma grand-mère … à la fenêtre pour nous saluer. – Nous … parfois au cinéma en famille.

★ 397 Recopie ces phrases et complète avec les sujets qui conviennent.

Kilian – Tu – Vous – Les oiseaux – Je – Nous

… faisions des signes avec les bras. — … faisaient leur nid dans les arbres. — … faisiez des nœuds à vos lacets. — … faisait des ricochets avec des cailloux plats. — … ne faisais jamais deux fois la même erreur. — … faisais des dessins pour ta petite sœur.

★ 398 Recopie ces phrases et complète avec les sujets qui conviennent.

J' – L'avion – Nous – Les diligences – Tu

… allais m'asseoir sur le balcon. — … n'allaient pas très vite. — … allais avec ton frère voir la caravane du cirque. — … allions nous baigner dans le petit bassin. — … allait se poser sur la piste d'atterrissage.

★★ 399 Recopie ces phrases et complète avec le verbe faire conjugué à l'imparfait.

Le paon multicolore … le beau. — Je … du vélo tous les week-ends. — Nous … attention en traversant la rue. — Tu … chauffer ton bol de chocolat. — Le vent … tomber les feuilles des arbres. — Ces fillettes … de jolies nattes avec leurs cheveux.

★★ 400 Recopie ces phrases et complète avec le verbe aller conjugué à l'imparfait.

Tu … pêcher dans l'étang. — Les dromadaires … d'une oasis à l'autre. — Vous … vous asseoir près de la fontaine. — J'… souvent voir mes cousins à Limoges. — Nous … jouer dans la cour de récréation.

★★★ 401 Recopie ces phrases et écris les verbes entre parenthèses à l'imparfait.

Les rois (aller) se reposer dans leurs châteaux au bord de la Loire. — Vous (faire) peur à vos amis avec ce masque de vampire. — J'(aller) déjeuner à la cafétéria. — Les pluies (faire) déborder toutes les rivières. — Tu (aller) au stade pour t'entraîner.

Révisions : exercice 453, p. 133

Conjugaison

54ᵉ
Leçon

L'imparfait de l'indicatif : verbes dire et venir

Vous disiez la vérité : ces bijoux venaient d'Afrique.

Règle

- À l'imparfait de l'indicatif, les verbes **dire** et **venir** ont les mêmes terminaisons que celles des verbes en **-er**. Mais, le radical du verbe **dire** est modifié.

dire	venir
→ Je disais au revoir.	Je venais de sortir.
→ Tu disais au revoir.	Tu venais de sortir.
→ Il/Elle disait au revoir.	Il/Elle venait de sortir.
→ Nous disions au revoir.	Nous venions de sortir.
→ Vous disiez au revoir.	Vous veniez de sortir.
→ Ils/Elles disaient au revoir.	Ils/Elles venaient de sortir.

★ **402** **Recopie ces phrases et complète avec les pronoms sujets qui conviennent.**

Tu – Je – Vous – Nous – Ils – Elle

… disais bonjour à tes camarades. — … disions que la partie était acharnée. — … ne disiez jamais de mensonges. — … venaient s'amuser au jardin du quartier. — … venais te voir tous les mercredis. — … venait à l'école avec sa sœur.

★ **403** **Recopie ces phrases et complète avec les verbes qui conviennent.**

venais – veniez – venions – disaient – disais – disait

Jonathan et Marvin… que les frites étaient savoureuses. — Vous … déguisés à chaque anniversaire. — Tu … à tes amis de te rejoindre. — Nous … de mettre la table. — L'agent … de faire attention. — Tu … prendre ton goûter avant de jouer.

404 Recopie ces phrases et complète avec le verbe venir conjugué à l'imparfait.

Autrefois, tous les élèves … à l'école à pied. – Je … de tailler mes crayons. – Vous … à la piscine avec un sac. – L'électricien … réparer l'ascenseur en panne. – Maman … toujours m'embrasser le soir. – Tu … de monter sur l'échelle. – Elles … de Marseille en train. – Chaque été, nous … sur cette plage.

405 Recopie ces phrases et complète avec le verbe dire conjugué à l'imparfait.

Je … que j'avais de la chance. – Il … qu'il était prêt. – Nous … que tu oubliais souvent tes affaires. – Tu … à tout le monde que ce jeu était amusant. – Vous … une bêtise : la baleine n'est pas un poisson ! – Le guide … quel chemin prendre. – C'est bien ce que je … : il fait beau !

406 Recopie ces phrases et écris les verbes entre parenthèses à l'imparfait.

À deux ans, je (dire) déjà quelques mots. – Ils (dire) que les autruches ne volent pas. – Le jardinier (dire) que ces plantes manquaient d'eau. – Ces objets (venir) d'un pays lointain. – Tu ne (venir) jamais aux cours de sport. – Vous ne (dire) plus rien ; vous étiez muettes. – Je (revenir) du concert à pied.

407 Recopie ces phrases et écris les verbes en gras à l'imparfait.
Je **viens** chercher mon anorak. – Le drone **vient** de survoler le haut de l'immeuble. – Le pisteur **dit** de rentrer vite. – Vous **venez** parfois jouer au square. – Nous **disons** des comptines toute la journée. – Tu **viens** de mettre des yaourts dans le caddie. – Les pompiers **viennent** d'éteindre le feu de forêt. – Tu **dis** toutes tes peurs à tes parents.

408 Conjugue les verbes en gras de ces expressions à toutes les personnes de l'imparfait.

dire un mot gentil
dire du bien de quelqu'un

venir sous le préau
venir aux nouvelles

Révisions : exercice 454, p. 133

Conjugaison

Le futur de l'indicatif : verbes en -er

Papa apportera le gâteau d'anniversaire. Tu souffleras les bougies et nous chanterons.

Règle

- Au futur de l'indicatif, **tous les verbes terminés par -er** à l'infinitif ont les mêmes terminaisons qui s'ajoutent à l'infinitif.

traverser

→ Je traverserai la rue.   Nous traverserons la rue.
→ Tu traverseras la rue.   Vous traverserez la rue.
→ Il/ Elle traversera la rue.   Ils/Elles traverseront la rue.

- Même si on ne l'entend pas toujours, il ne faut pas oublier le **e**.

→ tu joueras – elle continuera – nous copierons – ils se méfieront

★ **409** **Recopie ces phrases et complète avec les verbes qui conviennent.**

distribueront – disposerons – remerciera – piqueras – fermerez – surveillerai – trouveras

Vous … bien les volets. – Je … la cuisson du rôti. – Tu … le résultat de l'opération. – Les élèves de service … les cahiers du jour. – Nous … les couverts sur la table. – Si tu ne portes pas de gants, tu te … les doigts en cueillant des mûres. – Contente de son cadeau, Marjorie … toutes ses amies.

★ **410** **Recopie ces phrases et complète avec les terminaisons du futur qui conviennent.**

Le maire marier… ce couple. – Tu penser… à éteindre la lumière. – Ces jongleurs étonner… le public. – Nous savourer… ces œufs à la neige. – Vous ne deviner… jamais ce qui nous est arrivé. – Tu chuchoter… un secret à l'oreille de ton ami. – Je changer… les piles de mon jeu électronique.

411 Recopie ces phrases et écris les verbes entre parenthèses au futur.

Je (retourner) la dernière carte. — Les moniteurs (organiser) un grand jeu de piste. — Le maître (présenter) sa collection de papillons à toute la classe. — Je (dévaler) la pente à toute vitesse. — Nous (plier) les draps et les couvertures. — Tu (pédaler) de toutes tes forces. — Le match de rugby (débuter) à quinze heures.

412 Recopie ces phrases et écris les verbes en gras au futur.

Je ne **claque** pas la porte en sortant. — Tu **passes** devant la fontaine de l'Europe. — Le maître **attribue** une place à chaque élève. — Vous **remuez** la sauce pour ne pas brûler la casserole. — Nous **décorons** la classe avec des dessins. — Les déménageurs **chargent** leur camion.

413 Recopie ces phrases et remplace les sujets en gras par ceux entre parenthèses. Attention aux accords !

(Tu – Les enfants – Arnaud)
Vous reculerez le pion de deux cases.
(Je – Les élèves – Vous)
Nous collerons des images sur la feuille.
(La cuisinière – Vous – Je)
Tu prépareras une soupe au potiron.

414 Recopie ces phrases et écris les verbes en gras au futur.

Nous **déplaçons** les meubles du salon. — Tu **remplaces** tes protège-cahiers. — L'avion **transporte** des centaines de passagers. — Nous **corrigeons** nos erreurs au stylo vert. — Je **respire** l'air pur des montagnes. — Les marins pêcheurs **rapportent** beaucoup de poissons. — Tu **retrousses** tes manches.

415 Conjugue les verbes en gras de ces expressions à toutes les personnes du futur.

compter les jours	**avaler** de travers
ranger les jouets	**arroser** les plantes
distribuer les cartes	**demander** un renseignement

Révisions : exercice 455, p. 133

Conjugaison

Le futur de l'indicatif : verbes être et avoir

Les élèves **auront** une semaine de vacances. L'école **sera** fermée.

Règle

- Au futur de l'indicatif, les verbes **être** et **avoir** ont les mêmes terminaisons que les autres verbes, mais leur radical est modifié.

être	avoir
→ Je **serai** à l'heure.	J'**aurai** un maillot neuf.
→ Tu **seras** à l'heure.	Tu **auras** un maillot neuf.
→ Il/Elle **sera** à l'heure.	Il/Elle **aura** un maillot neuf.
→ Nous **serons** à l'heure.	Nous **auraons** des maillots neufs.
→ Vous **serez** à l'heure.	Vous **aurez** des maillots neufs.
→ Ils/Elles **seront** à l'heure.	Ils/Elles **auront** des maillots neufs.

- Les terminaisons des 2ᵉ et 3ᵉ personnes du singulier se prononcent de la même manière : [ɑ], mais il y a un **s** à la 2ᵉ personne.

- Les terminaisons des 1ʳᵉ et 3ᵉ personnes du pluriel se prononcent également de la même manière : [ɔ̃].

★ **416** **Recopie ces phrases et place un pronom sujet devant les verbes.**

… serons devant l'écran.

… seront aimables avec nous.

… sera sur la piste cyclable.

… seras sous ta douche.

… auras huit cartes dans ton jeu.

… aura une queue-de-cheval.

… auront des entrées gratuites.

… aurons beaucoup de place.

★★ **417** **Recopie ces phrases, entoure les verbes et complète avec les sujets qui conviennent.**

tu – Vous – Les vainqueurs – j' – nous – le chien

… n'aurez qu'une minute pour répondre à la question. – Avec ce bifteck, … aurai de quoi manger. – Quand … aurons onze ans, nous irons au collège. – Dans sa niche, … aura un abri pour la nuit. – En août, … auras beau temps. – … auront une médaille.

418 Recopie ces phrases et complète avec ces formes du verbe être au futur.

serai – seras – sera – serons – serez – seront

Tout le quartier … dans le noir. — Avec ce cadeau, vous … contents. — Dans cent ans, ces maisons … en ruine. — Samedi, nous … au stade. — Pendant le cours de musique, je … à côté de mon copain Sofiane. — Avec de la chance, tu … à la première place.

419 Recopie ces phrases et complète avec ces formes du verbe avoir au futur.

aurai – auras – aura – aurons – aurez – auront

Je suis sûre que vous … confiance en moi. — Après une telle course, tu … soif. — …-nous la force de soulever ce carton ? — Pour terminer mon devoir, j'en … pour dix minutes. — En avril, les arbres … des bourgeons. — Avec un bandeau sur l'œil, Paul … l'air d'un pirate !

420 Recopie ces phrases et complète avec le verbe être conjugué au futur.

À minuit, les fantômes … peut-être de sortie ! — À la patinoire, nous … dans le groupe des débutants. — Si tu marches dans la boue, tes chaussures … sales. — À la tombée de la nuit, je … déjà couché. — Tu … au rendez-vous à l'heure. — Ces jeunes chanteurs … bientôt célèbres.

421 Recopie ces phrases et complète avec le verbe avoir conjugué au futur.

Pour ouvrir le paquet, j'… besoin d'une paire de ciseaux. — Après le spectacle, nous … le sourire. — …-vous assez d'argent pour payer vos achats ? — Si tu réponds bien, tu … une bonne note. — Ce n'est pas demain que les poules … des dents !

422 Recopie ces phrases et complète avec les verbes être ou avoir conjugués au futur.

Vous … peut-être la chance de voir des cigognes. — Pour traverser, vous … prudents. — Tony … bientôt un chaton pour lui tenir compagnie. — S'il continue à pleuvoir, les rues … inondées. — À la rentrée, les élèves … des livres neufs. — Tu … attentive à ce que te dit ta maman.

Révisions : exercice 456, p. 134

Conjugaison

Le futur de l'indicatif : verbes aller et faire

Demain, j'irai te voir. Nous ferons une partie de cartes.

Règle

- Au futur de l'indicatif, les verbes **faire** et **aller** ont les mêmes terminaisons que celles des verbes terminés par **-er**, mais leur **radical** est **modifié**.

aller	faire
→ J'irai au stade.	Je ferai mes devoirs.
→ Tu iras au stade.	Tu feras tes devoirs.
→ Il/Elle ira au stade.	Il/Elle fera ses devoirs.
→ Nous irons au stade.	Nous ferons nos devoirs.
→ Vous irez au stade.	Vous ferez vos devoirs.
→ Ils/Elles iront au stade.	Ils/Elles feront leurs devoirs.

★ **423** **Recopie ces phrases et complète avec les verbes qui conviennent.**

feras – ferez – ferons – fera – feront – ferai

Nous … une petite sieste. – Je … trois pas de côté. – Vous … le tour du stade en courant. – Tu … un sourire à ton petit frère. – Les nageurs … plusieurs longueurs de bassin. – Papa … réparer sa voiture.

★★ **424** **Recopie ces phrases et complète avec des pronoms sujets qui conviennent.**

… irai au cinéma avec mes parents. – … ira cueillir du muguet. – Pendant les vacances, … irons au centre aéré. – … iras chez ton oncle à Rouen. – … n'irez pas sauter dans les flaques d'eau. – … iront décorer le sapin de Noël. – … ferez une pause pendant le film. – … ferons des paquets cadeaux. – … feras une fête pour ton anniversaire. – … feront des tresses à leurs poupées. – … ferai une tarte aux pommes mercredi. – … fera un déguisement pour le carnaval.

425 Recopie ces phrases et complète avec le verbe aller conjugué au futur.

Si j'ai mal aux dents, j'… chez le dentiste. — Tu … remplir ton verre d'eau. — Nous … au restaurant le week-end prochain. — Le dauphin … près du bateau pour accompagner les marins. — Vous … à pied jusqu'à la boulangerie. — Les voyageurs … en salle d'embarquement avant de monter dans l'avion. — Thomas … se coucher d'ici peu.

426 Recopie ces phrases et complète avec le verbe faire conjugué au futur.

Tu … de la trottinette. — Les enfants … des châteaux de sable sur la plage. — Plus tard, que …-vous comme métier ? — Ce cadeau … plaisir à Clémence. — Tous les mercredis, je … du judo. — Nous ne … pas toujours un détour pour rentrer.

427 Recopie ces phrases et complète avec les verbes aller ou faire conjugués au futur.

Vous … un saut par-dessus le ruisseau. — Ce médicament vous … du bien. — Au mois de juillet, nous … surfer près de Biarritz. — J'… aider papa à préparer le dîner. — La maîtresse … distribuer les cahiers par un élève. — Le footballeur … droit au but. — Tu … une omelette aux champignons. — Je suis sûre que ce vêtement t'… très bien.

428 Conjugue les verbes en gras de ces expressions à toutes les personnes du futur.

aller à toute allure   **faire** des crêpes
aller à l'infirmerie   **faire** un voyage

429 Recopie ces phrases et écris les verbes en gras au futur.

Tu **vas** t'installer sur la terrasse. — Les pirates **vont** cacher leur trésor sur une île déserte. — Tristan **fait** tout pour te faire plaisir. — Vous **allez** vous placer au premier rang. — Tu **fais** un signe de tête à ton ami. — Nous **faisons** voler un drone dans le jardin. — Je **vais** chez la fleuriste acheter des roses.

Conjugaison

Révisions : exercices 457 et 458, p. 134

Le futur de l'indicatif : verbes dire et venir

Nous disons au revoir à nos amis.
Ils viendront à nouveau l'année prochaine.

Règle

- Au futur de l'indicatif, les verbes **dire** et **venir** ont les mêmes terminaisons que celles des verbes en **-er**, mais le radical du verbe **venir** est modifié.

dire	venir
→ Je dirai tout.	Je viendrai vite.
→ Tu diras tout.	Tu viendras vite.
→ Il/Elle dira tout.	Il/Elle viendra vite.
→ Nous dirons tout.	Nous viendrons vite.
→ Vous direz tout.	Vous viendrez vite.
→ Ils/Elles diront tout.	Ils/Elles viendront vite.

- Les terminaisons des 2ᵉ et 3ᵉ personnes du singulier se prononcent de la même manière : [a], mais il y a un **s** à la 2ᵉ personne.

- Les terminaisons des 1ʳᵉ et 3ᵉ personnes du pluriel se prononcent également de la même manière : [ɔ̃].

★ **430** **Recopie ces phrases et complète avec des pronoms sujets qui conviennent.**

… dirons que la rue est barrée. − … lui dira le titre de ce livre. − … direz ce que vous voulez. − … diras que le trottoir est glissant.

★ **431** **Recopie ces phrases et complète avec les verbes qui conviennent.**

viendrai – dirons – viendra – diront – viendrez – diras

C'est promis, je … à la chorale. − Les jockeys … que les chevaux sont au repos. − Tu ne … ce secret à personne. − La vendeuse … pour ouvrir la boutique. − Vous … tous goûter chez moi. − Nous ne … rien !

Recopie ces phrases et complète avec le verbe dire **conjugué au futur.**

Les sorcières … aux lutins de se cacher. — Tu me … où trouver du pain le dimanche. — Le GPS nous … où se situe la gare. — Je … merci lorsque je recevrai un cadeau. — Nous lui … le sens de ce mot nouveau. — Vous me … vos impressions après le spectacle.

433 **Recopie ces phrases et complète avec le verbe** venir **conjugué au futur.**

Personne ne … s'aventurer sur l'étang gelé. — Tu … te baigner avec nous. — Les girafes … boire au bord de la rivière. — Vous … dans le garage ranger les vélos avec moi. — Je … sur le port admirer les bateaux. — Nous … voir les gorilles du zoo.

434 **Recopie ces phrases et écris le verbe** dire **entre parenthèses au futur.**

Elles (dire) tout ce qu'elles pensent. — Je vous (dire) si ces caramels sont mous.— Vous nous (dire) si ce film vous a plu. — Elle (dire) la vérité. — Les spectateurs (dire) s'ils sont contents. — Tu (dire) si tu veux boire un jus de fruits. — Les explorateurs (dire) ce qu'ils ont découvert.

435 **Recopie ces phrases et écris le verbe** venir **entre parenthèses au futur.**

Le facteur (venir) remettre le courrier au gardien. — Certaines espèces d'animaux (venir) à disparaître. — Tu (venir) aux cours du soir. — Vous (venir) débloquer le verrou. — Le chauffeur (venir) décharger le camion. — Nous (venir) ranger le matériel de peinture. — Mes parents (venir) me réveiller à sept heures.

436 **Recopie ces phrases et écris les verbes en gras au futur.**

Tu **viens** au cinéma avec tes parents. — Les clients **disent** que ces fruits sont trop mûrs. — Je **dis** à Alexia comment sortir de ce souterrain. — Le vendeur **vient** accueillir les clients. — Tu **dis** ton nom au moniteur. — Les touristes **viennent** visiter ce nouveau musée.

Conjugaison

Révisions : exercices 459 et 460, p. 134

Le passé composé

J'ai glissé sur le sol et je suis tombé.

Règle

- Le passé composé des verbes du 1ᵉʳ groupe se forme avec l'auxiliaire **être** ou **avoir** conjugué **au présent**, suivi du **participe passé du verbe**.

arriver	trouver
→ Je suis arrivé(e) tôt.	J'ai trouvé la solution.
→ Tu es arrivé(e) tôt.	Tu as trouvé la solution.
→ Il/Elle est arrivé(e) tôt.	Il/Elle a trouvé la solution.
→ Nous sommes arrivé(e)s tôt.	Nous avons trouvé la solution.
→ Vous êtes arrivé(e)s tôt.	Vous avez trouvé la solution.
→ Ils/Elles sont arrivé(e)s tôt.	Ils/Elles ont trouvé la solution.

★ **437** **Recopie ces phrases et complète avec des pronoms sujets qui conviennent.**

… ont emporté des bouteilles d'eau. − … as eu des ennuis. − … ai étalé de la confiture sur ma biscotte. − … a été absent une semaine. − … avez utilisé un marteau pour clouer les planches. − … avons conservé nos anciens jouets.

★ **438** **Recopie ces phrases et complète avec les verbes qui conviennent.**

as oublié – ai remarqué – sommes allés – avez réchauffé – sont rencontrés – ont refusé – a marqué – suis tombé – avons confié

Tu … ton sac dans le bus. − J'… un nouveau manteau dans la vitrine. − Nous … au spectacle de l'école. − Vous … votre assiette dans le four à micro-ondes. − Damien et Corentin se … au centre aéré. − Les arbitres … le but au footballeur. − Dylan … un panier. − Je … dans les escaliers. − Nous … un secret à nos amis.

439 Recopie ces phrases et complète avec être ou avoir conjugués au présent.

as – a – est – suis – avez – sommes – a

Je … arrivée la première. – Tu … changé de chaussures. – Elle … eu une grippe et elle … été soignée par le médecin. – Vous … rangé les courses. – L'actrice … allée se maquiller. – Nous … arrivés à temps pour vous aider.

440 Recopie ces phrases et écris les verbes entre parenthèses au passé composé.

Nous (casser) des noix. – Je (rentrer) à la tombée de la nuit. – Tu (expliquer) la raison de ton retard. – Le professeur (donner) une leçon à apprendre. – Vous (tirer) le bon numéro. – Les voitures (déraper) sur la route mouillée. – Loïc (rester) en classe pour ranger le matériel. – Les parents d'élèves (organiser) une tombola.

441 Recopie ces phrases et écris les verbes entre parenthèses au passé composé.

La grêle (provoquer) une catastrophe dans les vignes. – Les couches de peinture (transformer) la façade de l'immeuble. – Tu (doubler) ton nombre de points. – Vous (fermer) les yeux car il y avait trop de soleil. – Je (passer) près de chez toi. – Nous (rassurer) nos parents.

442 Recopie ces phrases et remplace les sujets en gras par ceux entre parenthèses. Attention aux accords !

Tu (Je) es revenu de vacances en pleine forme. – **Les enfants** (Nous) ont joué toute la journée dehors. – **Le musée** (Les magasins) a fermé pendant une semaine. – **Nous** (Tu) avons tardé à nous mettre à table. – **Les journalistes** (Vous) ont annoncé un mariage royal.

443 Conjugue les verbes en gras de ces expressions à toutes les personnes du passé composé.

surmonter sa peur   **écarter** les bras
timbrer une enveloppe   **composer** un poème

Révisions : exercice 461, p. 134

Conjugaison

444 **Recopie ces phrases, entoure les verbes conjugués et donne leur infinitif.**

La voiture stoppe au feu rouge. — Le menuisier scie une planche. — Vous traversez la rue sur le passage piéton. — Je vire de bord devant la bouée. — Les voisines arrosent les fleurs dans le jardin. **Voir leçon 44**

445 **Recopie ces phrases et complète avec Hier, En ce moment ou Demain.**

…, cette maman accompagne ses enfants à l'école. — …, mon voisin ira en vacances en Corse. — …, je regarde un dessin animé. — …, mes parents étaient chez des amis. — …, nous sommes à l'école. **Voir leçon 45**

446 **Recopie ces phrases et remplace les pronoms sujets en gras par les sujets suivants.**

Les chansons – La conductrice – Le bateau – Les skieurs

Elles tournent en boucle à la radio. — Il s'éloigne du port. — Ils dévalent la piste bleue. — Elle ralentit à l'entrée du village. **Voir leçon 46**

447 **Recopie ces phrases et écris les verbes entre parenthèses au présent.**

Tu (continuer) à lire l'histoire que tu as commencée. — J'(avaler) un gros morceau de pain. — Les billes (rouler) sur le parquet. — Vous (inventer) une histoire. — Karine (retrouver) son carnet. **Voir leçon 47**

448 **Recopie ces phrases et complète avec les verbes être ou avoir conjugués au présent.**

En avril, les cerisiers … en fleur. — J'… un vélo avec de bons freins. — La princesse … des bijoux somptueux. — Tu … à l'abri sous ton parapluie.

Voir leçon 48

449 **Recopie ces phrases et complète avec les verbes faire ou aller conjugués au présent.**

Ces cadeaux me … droit au cœur. — Tous les samedis, je … du karaté avec un moniteur. — Tu … le difficile en refusant cette part de tarte. — Tu … droit au but. — Le soleil … se coucher d'ici peu. **Voir leçon 49**

450 **Recopie ces phrases et complète avec les verbes dire et venir conjugués au présent.**

Tu ... que tu as mal aux dents. − Julie ... d'apprendre qu'elle a gagné ! − Ces marins ... secourir les naufragés. *Voir leçon 50*

451 **Recopie ces phrases et écris les verbes entre parenthèses à l'imparfait.**

La voiture (effectuer) un demi-tour. − Des drapeaux (flotter) au sommet des mâts. − Tu nous (aider) à faire nos devoirs. − Le pâtissier (étaler) de la crème sur les gâteaux. − Vous (réciter) vos leçons tous les soirs.

Voir leçon 51

452 **Recopie ces phrases et complète avec les verbes être ou avoir conjugués à l'imparfait.**

Les acteurs ... de superbes costumes. − J'... peur de tomber de la poutre. − Après ta chute, tu ... une bosse au milieu du front. − Vous ... le courage de plonger dans l'eau froide. − Nous ... près de la fenêtre.

Voir leçon 52

453 **Recopie ces phrases et écris les verbes entre parenthèses à l'imparfait.**

Les touristes n'(aller) pas se baigner quand le drapeau était rouge. − Nous (faire) une petite halte pendant nos randonnées. − J'(aller) voir ma grand-mère le mercredi. − Tu (faire) souvent tomber tes lunettes !

Voir leçon 53

454 **Recopie ces phrases et écris les verbes entre parenthèses à l'imparfait.**

Le pharmacien (dire) de ne pas manger ces champignons. − Nous (dire) notre désaccord. − Je lui (dire) de m'appeler sur mon téléphone portable. − Je (venir) de voir décoller un avion. *Voir leçon 54*

455 **Recopie ces phrases et écris les verbes entre parenthèses au futur.**

J'(échanger) mes bons de réduction contre un jeu électronique. − Le gardien du zoo (apporter) à manger au tigre. − Nous (ôter) les anciennes photographies du mur. − Les hirondelles (voler) haut.

Voir leçon 55

Conjugaison

456 **Recopie ces phrases et complète avec les verbes** être **ou** avoir **conjugués au futur.**

Pour nettoyer la moquette, un aspirateur … utile. — S'il fait beau, Marion … envie de se promener. — Tu … une nouvelle jupe. — Près du radiateur, vous … chaud. **Voir leçon 56**

457 **Recopie ces phrases et écris le verbe** aller **entre parenthèses au futur.**

Vous (aller) vous coucher de bonne heure. — Nous (aller) visiter la ferme aux crocodiles. — Nous (aller) à Nantes. — Les chars (aller) défiler sur le boulevard. — J'(aller) m'abriter sous le porche. **Voir leçon 57**

458 **Recopie ces phrases et écris le verbe** faire **entre parenthèses au futur.**

Le blessé (faire) examiner sa plaie par un médecin. — Les coups de tonnerre (faire) peur aux animaux. — Tu (faire) développer toutes tes photos. — Je (faire) la course en tête. **Voir leçon 57**

459 **Recopie ces phrases et écris le verbe** dire **entre parenthèses au futur.**

Les visiteurs (dire) merci au guide. — Tu me (dire) l'adresse d'Antonio. — Vous nous (dire) la longueur de ce trajet. — Nous (dire) aux enfants ce qu'il faut faire. **Voir leçon 58**

460 **Recopie ces phrases et écris le verbe** venir **entre parenthèses au futur.**

Le voilier (venir) des Antilles. — Une panne d'électricité (venir) interrompre l'émission. — Le comique (venir) amuser le public. — Tu (venir) en randonnée avec nous. — Nous (venir) assister à cette course.

Voir leçon 58

461 **Recopie ces phrases au passé composé et choisis entre** avoir **ou** être.

J'(ai / suis) eu du mal à retenir cette leçon. — La répétition musicale (a / est) été bruyante. — Tu (as / es) manqué la cible que tu visais. — Le seau (a / est) tombé au fond du puits. — Vous (avez / êtes) expliqué l'exercice.

Voir leçon 59

Annexes

Des mots invariables à connaître

avec – pour – comme – par – sur – contre
rien – sauf – entre – car – mais
maintenant – avant – pendant
moins – plus – assez – beaucoup – trop
après – très – aussi
ici – parmi – loin – chez – autour
longtemps – toujours – jamais
aujourd'hui – hier – demain
dessus – dessous – devant – derrière
alors – lorsque – dehors
sans – dans – dedans
depuis – enfin – ensuite – encore
aussitôt – bientôt

Les verbes en -er

PARLER	
présent de l'indicatif	**futur simple de l'indicatif**
je parle tu parles il/elle parle nous parlons vous parlez ils/elles parlent	je parlerai tu parleras il/elle parlera nous parlerons vous parlerez ils/elles parleront
imparfait de l'indicatif	**passé composé de l'indicatif**
je parlais tu parlais il/elle parlait nous parlions vous parliez ils/elles parlaient	j'ai parlé tu as parlé il/elle a parlé nous avons parlé vous avez parlé ils/elles ont parlé

Le verbe être

ÊTRE	
présent de l'indicatif	**futur simple de l'indicatif**
je suis tu es il/elle est nous sommes vous êtes ils/elles sont	je serai tu seras il/elle sera nous serons vous serez ils/elles seront
imparfait de l'indicatif	**passé composé de l'indicatif**
j'étais tu étais il/elle était nous étions vous étiez ils/elles étaient	j'ai été tu as été il/elle a été nous avons été vous avez été ils/elles ont été

Le verbe avoir

AVOIR	
présent de l'indicatif	**futur simple de l'indicatif**
j'ai	j'aurai
tu as	tu auras
il/elle a	il/elle aura
nous avons	nous aurons
vous avez	vous aurez
ils/elles ont	ils/elles auront
imparfait de l'indicatif	**passé composé de l'indicatif**
j'avais	j'ai eu
tu avais	tu as eu
il/elle avait	il/elle a eu
nous avions	nous avons eu
vous aviez	vous avez eu
ils/elles avaient	ils/elles ont eu

Le verbe aller

ALLER	
présent de l'indicatif	**futur simple de l'indicatif**
je vais	j'irai
tu vas	tu iras
il/elle va	il/elle ira
nous allons	nous irons
vous allez	vous irez
ils/elles vont	ils/elles iront
imparfait de l'indicatif	**passé composé de l'indicatif**
j'allais	je suis allé(e)
tu allais	tu es allé(e)
il/elle allait	il/elle est allé(e)
nous allions	nous sommes allé(e)s
vous alliez	vous êtes allé(e)s
ils/elles allaient	ils/elles sont allé(e)s

Le verbe faire

FAIRE	
présent de l'indicatif	**futur simple de l'indicatif**
je fais tu fais il/elle fait nous faisons vous faites ils/elles font	je ferai tu feras il/elle fera nous ferons vous ferez ils/elles feront
imparfait de l'indicatif	**passé composé de l'indicatif**
je faisais tu faisais il/elle faisait nous faisions vous faisiez ils/elles faisaient	j'ai fait tu as fait il/elle a fait nous avons fait vous avez fait ils/elles ont fait

Le verbe dire

DIRE	
présent de l'indicatif	**futur simple de l'indicatif**
je dis	je dirai
tu dis	tu diras
il/elle dit	il/elle dira
nous disons	nous dirons
vous dites	vous direz
ils/elles disent	ils/elles diront
imparfait de l'indicatif	**passé composé de l'indicatif**
je disais	j'ai dit
tu disais	tu as dit
il/elle disait	il/elle a dit
nous disions	nous avons dit
vous disiez	vous avez dit
ils/elles disaient	ils/elles ont dit

Le verbe venir

VENIR	
présent **de l'indicatif**	**futur simple** **de l'indicatif**
je viens	je viendrai
tu viens	tu viendras
il/elle vient	il/elle viendra
nous venons	nous viendrons
vous venez	vous viendrez
ils/elles viennent	ils/elles viendront
imparfait **de l'indicatif**	**passé composé** **de l'indicatif**
je venais	je suis venu(e)
tu venais	tu es venu(e)
il/elle venait	il/elle est venu(e)
nous venions	nous sommes venu(e)s
vous veniez	vous êtes venu(e)s
ils/elles venaient	ils/elles sont venu(e)s

L'orthographe rectifiée

Dans ce manuel, nous avons choisi de ne pas retenir les recommandations
de l'orthographe rectifiée, laissant les professeurs libres de les appliquer.
Pour la leçon 16 sur l'écriture des nombres, et la leçon 24 sur les accents,
voici les modifications proposées par le Conseil supérieur de la langue française.

• **Les nombres composés sont systématiquement reliés par des traits d'union.**

vingt et un → vingt-et-un
cent deux mille cinq cents → cent-deux-mille-cinq-cents

• **L'accent circonflexe disparaît sur le i et sur le u.**

un maître → un maitre
connaître → connaitre
le goût → le gout
On le maintient néanmoins dans les terminaisons verbales du passé simple,
du subjonctif et dans cinq cas d'ambiguïté :
– les adjectifs masculins dû, mûr et sûr pour les distinguer de leurs homophones ;
– le jeûne, pour le distinguer de l'adjectif homophone ;
– les formes du verbe croitre qui, sans accent, se confondraient avec celles
du verbe croire : je croîs, tu croîs, etc.

Imprimé en France par Pollina - 83344
Dépôt légal : Février 2018
Collection n°14 - Édition n°01
81/9357/4